CUENTOS DE BUENAS NOCHES PARA NIÑAS REBELDES

CUENTOS DE BUENAS NOCHES PARA NIÑAS REBELDES

ELENA FAVILLI

100 MUJERES MIGRANTES QUE CAMBIARON AL MUNDO

NIÑAS REBELDES

Planeta

Título original: *Good Night Stories for Rebel Girls: 100 Immigrant Women Who Changed The World*

© 2020 Rebel Girls, Inc.
Publicado por primera vez en inglés en 2020 por Rebel Girls, Inc.
Por Elena Favilli
(Todos los derechos reservados en todos los países por Rebel Girls, Inc.)
www.rebelgirls.com

© Traducción: Gloria Estela Padilla Sierra

Diseño de portada y lettering: Cesar Iannarella
Adaptación de portada: Carmen Irene Gutiérrez Romero
Diseño gráfico: Annalisa Ventura
Dirección de arte: Giulia Flamini

Derechos reservados

© 2020, Editorial Planeta Mexicana, S.A. de C.V.
Bajo el sello editorial PLANETA M.R.
Avenida Presidente Masarik núm. 111,
Piso 2, Polanco V Sección, Miguel Hidalgo
C.P. 11560, Ciudad de México
www.planetadelibros.com.mx

Primera edición en formato epub: octubre de 2020
ISBN: 978-607-07-7149-1

Primera edición impresa en México: octubre de 2020
Cuarta reimpresión en México: julio de 2021
ISBN: 978-607-07-7129-3

Impreso en los talleres de Litográfica Ingramex, S.A. de C.V.
Centeno núm. 162-1, colonia Granjas Esmeralda, Ciudad de México
Impreso y hecho en México - *Printed and made in Mexico*

A las niñas rebeldes del mundo:

crucen los límites,

exijan libertad,

dejen huella

y cuando duden, recuerden:

El futuro es suyo.

MÁS LIBROS DE LAS NIÑAS REBELDES

. . . .

Cuentos de buenas noches para niñas rebeldes

Cuentos de buenas noches para niñas rebeldes 2

Soy una niña rebelde. Un diario para iniciar revoluciones

Ada Lovelace descifra el código

Madam C. J. Walker funda una empresa

ÍNDICE

PREFACIO   xi

ADELAIDE HERRMANN • MAGA   2

ALICE GUY-BLACHÉ • CINEASTA   4

ANGÉLICA ROZEANU • JUGADORA DE TENIS DE MESA   6

ANITA SARKEESIAN • PERIODISTA Y CRÍTICA DE MEDIOS   8

ANNA WINTOUR • JEFA DE REDACCIÓN   10

ANNE HIDALGO • POLÍTICA   12

ANNE WAFULA STRIKE • ATLETA PARALÍMPICA   14

ANNIKA SÖRENSTAM • GOLFISTA   16

ARIANNA HUFFINGTON • ESCRITORA Y CEO   18

ASMA KHAN • CHEF   20

BANA ALABED • ACTIVISTA   22

CARMEN HERRERA • ARTISTA   24

CARMEN MIRANDA • CANTANTE Y ACTRIZ   26

CAROLINA GUERRERO • PERIODISTA Y PRODUCTORA   28

CHINWE ESIMAI • EJECUTIVA FINANCIERA   30

CLARA JULIANA GUERRERO LONDOÑO • BOLICHISTA   32

CLARA LEMLICH SHAVELSON • ACTIVISTA   34

CLAUDIA RANKINE • POETA Y DRAMATURGA   36

DANIELA SCHILLER • NEUROCIENTÍFICA   38

DANIELA SOTO-INNES • CHEF   40

DAPHNE KOLLER • CIENTÍFICA INFORMÁTICA Y EMPRENDEDORA   42

DIANE VON FÜRSTENBERG • DISEÑADORA DE MODAS   44

DOREEN SIMMONS • COMENTARISTA DEPORTIVA 46

EDMONIA LEWIS • ESCULTORA 48

EILEEN GRAY • ARQUITECTA Y DISEÑADORA DE MOBILIARIO 50

ELENA PONIATOWSKA • PERIODISTA Y ESCRITORA 52

ELISA ROJAS • ABOGADA 54

ELISABETH KÜBLER-ROSS • PSIQUIATRA 56

ELIZABETH NYAMAYARO • POLITÓLOGA 58

EMILIE SNETHLAGE • ORNITÓLOGA 60

EMMY NOETHER • MATEMÁTICA 62

FATMA IPEK ALCI • ACTIVISTA 64

FRIEDA BELINFANTE • CHELISTA Y DIRECTORA DE ORQUESTA 66

GERALDINE COX • FILÁNTROPA 68

GERALDINE HEANEY • JUGADORA Y ENTRENADORA
DE HOCKEY SOBRE HIELO 70

GERDA TARO • FOTÓGRAFA 72

GLORIA ESTEFAN • CANTANTE 74

GOLDA MEIR • POLÍTICA 76

HANNAH ARENDT • FILÓSOFA Y TEÓRICA POLÍTICA 78

HAZEL SCOTT • MÚSICA Y ACTIVISTA 80

ILHAN OMAR • POLÍTICA 82

INDRA DEVI • YOGUI 84

JAWAHIR JEWELS ROBLE • ÁRBITRA 86

JOSEPHINE BAKER • ARTISTA Y ACTIVISTA 88

JUDY CASSAB • PINTORA 90

JULIETA LANTERI • MÉDICA Y POLÍTICA 92

KAREN CORR • BILLARISTA 94

KAREN HORNEY • PSICOANALISTA 96

KARIN SCHMIDT • *MUSHER* Y VETERINARIA 98

KEIKO FUKUDA • JUDOCA 100

LASKARINA «BUBULINA» PINOTSIS • COMANDANTE NAVAL 102

LINA BO BARDI • ARQUITECTA 104

LISA STHALEKAR • CAMPEONA Y COMENTARISTA DE CRÍQUET 106

LIZ CLAIBORNE • DISEÑADORA DE MODAS Y CEO   108

LORELLA PRAELI • ACTIVISTA   110

LUPE GONZALO • AGRICULTORA MIGRANTE Y ORGANIZADORA SINDICAL   112

LUPITA AMONDI NYONG'O • ACTRIZ   114

MADELEINE ALBRIGHT • POLÍTICA   116

MALIKA OUFKIR • ESCRITORA   118

MARCELA CONTRERAS • HEMATÓLOGA   120

MARÍA GOEPPERT MAYER • FÍSICA TEÓRICA   122

MARJANE SATRAPI • NOVELISTA GRÁFICA   124

MARTA EMPINOTTI • SALTADORA BASE   126

MERLENE JOYCE OTTEY • VELOCISTA   128

MIN JIN LEE • ESCRITORA   130

MIN MEHTA • CIRUJANA ORTOPÉDICA   132

MUZOON ALMELLEHAN • ACTIVISTA   134

NADINE BURKE HARRIS • PEDIATRA   136

NAMI Y REN HAYAKAWA • ARQUERAS   138

NIKI YANG • ANIMADORA Y ACTRIZ DE VOZ   140

NOOR INAYAT KHAN • ESPÍA   142

OLGA KORBUT • GIMNASTA   144

PAULA NEWBY-FRASER • TRIATLETA   146

PEARL TRAN Y THU GETKA • ODONTÓLOGAS   148

PNINA TAMANO-SHATA • ABOGADA Y LEGISLADORA   150

RAPELANG RABANA • CIENTÍFICA INFORMÁTICA Y EMPRESARIA   152

REYNA DUONG • CHEF   154

RIHANNA • EMPRESARIA Y CANTANTE   156

ROJA MAYA LIMBU Y SUJANA RANA • ORGANIZADORAS SINDICALES   158

ROSALIE ABELLA • JUEZA   160

ROSE FORTUNE • EMPRESARIA Y OFICIAL DE POLICÍA   162

ROSELI OCAMPO-FRIEDMANN • MICROBIÓLOGA   164

SAMANTHA POWER • DIPLOMÁTICA   166

SANDRA CAUFFMAN • INGENIERA ELECTRICISTA 168

SARA MAZROUEI • GEÓLOGA PLANETARIA 170

SARA MCLAGAN • EDITORA DE UN DIARIO 172

SAU LAN WU • FÍSICA 174

SURYA BONALY • PATINADORA ARTÍSTICA 176

SUSAN FRANCIA • REMERA 178

SUSAN POLGAR • AJEDRECISTA 180

TEREZA LEE • ACTIVISTA 182

TIMNIT GEBRU • CIENTÍFICA INFORMÁTICA 184

TURIA PITT • ATLETA Y ESCRITORA 186

VELMA SCANTLEBURY • CIRUJANA DE TRASPLANTES 188

XIYE BASTIDA-PATRICK • ACTIVISTA 190

YOKY MATSUOKA • INGENIERA ROBÓTICA 192

YOSHIKO CHUMA • COREÓGRAFA Y ARTISTA DE *PERFORMANCE* 194

YOUNG JEAN LEE • DRAMATURGA 196

YUAN YUAN TAN • BAILARINA 198

ZAINAB SALBI • ACTIVISTA 200

ESCRIBE TU PROPIA HISTORIA 202

DIBUJA TU RETRATO 203

GLOSARIO 204

ILUSTRADORAS 206

AGRADECIMIENTOS 208

ACERCA DE LA AUTORA 209

PREFACIO

· · · · · · · · · · · · · · ·

Queridas rebeldes:

A aquellas de ustedes que tomen por primera vez un libro de *Cuentos de buenas noches para niñas rebeldes*, quiero decirles: «¡Bienvenidas!», y para quienes regresan una segunda o, incluso, una tercera vez, les digo: «¡Me alegro de recibirlas de nuevo!». Estoy emocionada de dar a conocer en este libro cien historias de mujeres increíbles que se mudaron de un país a otro y experimentaron alguna forma de inmigración en el curso de sus vidas.

Este también es un tema personal para mí como inmigrante. *Cuentos de buenas noches para niñas rebeldes* fue creado por dos mujeres (yo —Elena Favilli— y Francesca Cavallo), quienes nos mudamos de Italia a Estados Unidos y quisimos compartir con todas ustedes nuestra visión de un mundo más igualitario. Yo llegué a Estados Unidos cuando tenía veintitrés años para asistir a la Universidad de California, en Berkeley. Ahora este es mi hogar, donde formé mi empresa, escribí estos libros y las conocí a todas ustedes. Francesca no participó conmigo en este tercer libro, pero la misma inspiración que nos unió al principio de nuestra aventura sigue impulsando esta serie.

Es frecuente que la gente me pregunte qué significa ser una Niña Rebelde. Puede haber muchas definiciones distintas, así como todas somos diferentes unas de otras. En esencia, una Niña Rebelde es alguien que intenta mejorar el mundo para sí misma y para quienes la rodean, sin importar los riesgos. En las siguientes páginas leerán las historias de mujeres que encarnan el espíritu de la Niña Rebelde al haber dejado su país de origen debido a múltiples razones. Algunas de ellas eligieron activamente buscar nuevas oportunidades, mientras que otras salieron por necesidad.

Explorarán la Amazonia con Emilie Snethlage, parte científica y parte exploradora, que viajó desde Alemania para estudiar las plantas y animales del bosque pluvial de Brasil. Bailarán con Yuan Yuan Tan, cuya carrera como bailarina empezó cuando echó una moneda al aire y eso la llevó de China a su nuevo hogar en Estados Unidos. Y lucharán por la justicia con Muzoon Almellehan, que huyó de Siria para establecerse en Inglaterra y encontró fortaleza en los libros y al hacer campaña a favor de la educación de las niñas, convirtiéndose en una de las embajadoras de buena voluntad más jóvenes de UNICEF hasta la fecha.

Es poco común que la inmigración se considere desde la perspectiva femenina, pero más de la mitad de los inmigrantes del planeta son mujeres. Las mujeres que presentamos en este libro ya tuvieron un impacto en el mundo simplemente por forjar su propio camino al cruzar fronteras, pero también consiguieron grandes cosas en sus nuevos países. Sin importar lo que un migrante espere lograr en su viaje, deseo que cuando terminen este libro hayan comprendido que el movimiento de un país a otro es un derecho humano.

Mientras se sumergen en estas historias, podría ser útil que piensen en las veces que han querido irse de un lugar a otro. ¿Alguna vez quisieron cambiar de salón de clases? ¿Irse a otro equipo? ¿Qué tal viajar a una ciudad diferente? Eso es precisamente lo que hicieron estas migrantes, pero a mayor escala. Permitan que su valor y perseverancia sean un recordatorio para ustedes, Niñas Rebeldes, de que siempre deben luchar por sus creencias, sin importar hasta dónde las lleven.

Sinceramente,

Elena Favilli

ADELAIDE HERRMANN

Había una vez una niña que tenía el don de la actuación. Mientras otras chicas victorianas aprendían labores domésticas, ella practicaba acrobacia, danza y un nuevo deporte conocido como ciclismo acrobático.

Su vida cambió una noche después de ver un espectáculo de magia en Londres. El mago, que se llamaba Alexander Herrmann (su nombre artístico era Herrmann el Grande), pidió un voluntario, así que Adelaide levantó ansiosamente la mano. ¡El mago incendió su anillo y lo hizo reaparecer en un listón atado al cuello de una paloma!

Unos meses después, cuando Adelaide se mudó a Nueva York, se encontró de nuevo con Alexander. Se casaron y crearon uno de los actos de magia más exitosos de Estados Unidos. Herrmann el Grande era la estrella y Adelaide representaba papeles de apoyo como bailarina y dejándose lanzar de un cañón como ¡mujer bala!

En 1896, Alexander murió repentinamente y Adelaide se quedó sola con su espectáculo de magia, una bodega llena de utilería y animales, y una montaña de deudas; pero pronto fue obvio que la única que tenía la experiencia para continuar con el **legado** de su marido era ella.

Durante más de tres décadas, se presentó ante el público como la Reina de la Magia. Cuando tenía setenta y tres años, un incendio acabó con su bodega, pero ella insistió en que resurgiría de sus cenizas como el ave fénix y lo logró. Continuó haciendo giras antes de retirarse, cuando estaba por cumplir ochenta años.

11 DE AGOSTO DE 1853 – 19 DE FEBRERO DE 1932

INGLATERRA → ESTADOS UNIDOS DE AMÉRICA

LA SEGURIDAD Y LA
CONFIANZA EN UNA
MISMA SON ESENCIALES
PARA ALCANZAR EL
ÉXITO EN LA MAGIA.
ADELAIDE HERRMANN

ILUSTRACIÓN DE
CAMILLE DE CUSSAC

ALICE GUY-BLACHÉ

CINEASTA

Había una vez una niña llamada Alice que en su infancia viajó por todo el mundo: de Francia (hogar de su madre) a Chile (país de su padre) y después a Suiza (donde vivió con su abuela). Al crecer, trabajó como secretaria de una empresa de cámaras convertida en estudio de cine. Ese era un arte nuevo y emocionante, y las primeras películas no se parecían en nada a las de hoy. Mostraban personas en labores comunes, como obreros que salían de la fábrica o un tren que corría por las vías.

Alice pensó que esas cintas eran aburridas y se preguntó si se podrían usar para narrar una historia, así que tomó prestada una cámara y creó su primer filme: *El hada de las coles*. Con cerca de un minuto de duración, fue una de las primeras películas que contó una historia ficticia.

Al final, se convirtió en directora de producción del estudio y experimentó con nuevas maneras de hacer películas y efectos especiales. Se casó con Herbert Blaché, un compañero cineasta, y se mudaron a Estados Unidos. En 1910 abrió su propia empresa, la Compañía Solax, y construyó un moderno estudio de cine que fue el más grande del país.

Herbert trabajó como presidente de la compañía a fin de que ella estuviera libre para filmar. Alice fue la primera mujer cineasta del mundo y creó cerca de mil películas, muchas de las cuales sobreviven. Filmó la última en 1920 y fue olvidada por mucho tiempo, pero los cineastas actuales están en deuda con esta productora y directora pionera.

1 DE JULIO DE 1873 – 24 DE MARZO DE 1968
FRANCIA → ESTADOS UNIDOS DE AMÉRICA

NO HAY NADA RELACIONADO
CON LA PREPARACIÓN DE UNA
PELÍCULA QUE UNA MUJER NO
PUEDA HACER CON LA MISMA
FACILIDAD QUE UN HOMBRE.
ALICE GUY-BLACHÉ

ANGÉLICA ROZEANU

Había una vez una niña rumana y judía que era una atleta nata, pero que no tenía un deporte favorito, por lo menos no al principio. Le gustaba nadar, jugar tenis y andar en bicicleta, pero, como diría después, llegó el día en que un nuevo deporte la encontró a ella.

Cuando tenía cerca de ocho años le dio escarlatina, una enfermedad grave, y tardó mucho en sanar. Su hermano Gastón quería encontrar una forma de entretenerla mientras se recuperaba, así que llevó a casa una raqueta, una pelota y una red, y le enseñó a jugar tenis de mesa.

Ella aprendió con rapidez: con los ágiles movimientos de sus pies, que semejaban un baile, y con sus reflejos veloces, empezó a participar en competencias y ganó su primer campeonato nacional ¡a los quince años! Sin embargo, en 1940 su carrera deportiva se detuvo de pronto cuando Rumania se unió a la Alemania nazi. Como resultado de las muchas restricciones que se les impusieron entonces a los judíos, Angélica ya no pudo practicar el deporte que le encantaba.

Cuando terminó la guerra, retomó su raqueta y en 1950 fue la primera atleta rumana en ganar un campeonato mundial. Ese año también se volvió presidenta de la Comisión Rumana de Tenis de Mesa. A lo largo de su carrera, ganó cuando menos quince campeonatos nacionales y diecisiete campeonatos mundiales. En 1960, después de sufrir más **discriminación** en su país, **inmigró** a Israel y en 1981 ingresó al Salón Internacional de la Fama de los Deportes Judío.

PREFERÍ EL TENIS DE MESA,
O TAL VEZ PODRÍA DECIRSE
QUE EL TENIS DE MESA ME
PREFIRIÓ A MÍ.
ANGÉLICA ROZEANU

ILUSTRACIÓN DE
MAGGIE COLE

ANITA SARKEESIAN

De niña, en Canadá, a Anita le encantaban los videojuegos y les rogó a sus padres que le compraran su propio Game Boy de Nintendo. En secundaria pasaba horas jugando en la computadora. Los videojuegos eran entretenidos y la hacían feliz.

Sin embargo, al crecer se percató de algo que le molestó. Apenas había personajes femeninos en los juegos, y muy pocos de ellos eran fuertes y positivos.

No era la primera vez que descubría algo raro en los medios. En su niñez, advirtió que era frecuente que la gente de Irak, el país de sus padres, se representara en televisión como mala o tenebrosa. No veía imágenes que se parecieran a sus seres queridos y entonces se dio cuenta de que a veces los medios cuentan historias imprecisas o no mencionan cosas importantes.

Empezó un blog llamado *Feminist Frequency* (Frecuencia Feminista), donde publicó videos en los que hablaba sobre la forma en que se representa a las mujeres en los videojuegos.

Sus publicaciones eran inteligentes y divertidas, e hicieron pensar a la gente de la industria de los videojuegos cómo mejorar sus productos tanto para los hombres como para las mujeres. Pero algunos hombres que vieron los videos de Anita no querían escuchar ideas nuevas y la insultaron diciéndole cosas horribles, e incluso amenazaron con lastimarla.

Anita se negó a callar y, mientras más hablaba, más gente la escuchaba. Ahora hay más mujeres que nunca en los videojuegos como personajes en pantalla y, también, como ingenieras que los diseñan.

ILUSTRACIÓN DE
JENNY MEILIHOVE

ES MUY VALIOSO EXPRESAR LO
QUE CREES QUE ES CORRECTO,
AUNQUE EL PRECIO PAREZCA
MUY ALTO.
ANITA SARKEESIAN

ANNA WINTOUR

JEFA DE REDACCIÓN

Había una vez una niña que tenía su propio estilo. Desde pequeña, Anna quedó cautivada por el mundo que la llamaba desde las relucientes páginas de las revistas de modas y las vibrantes calles londinenses donde vivía. El padre de Anna, el respetado editor de un diario, alentó los intereses de su hija y, con su ayuda, a los quince años ella obtuvo su primer empleo en una lujosa boutique. Poco después tomó clases de diseño de modas, pero no tardó en hartarse. Pensó que una persona sabe de moda o no, y era obvio que Anna sabía de moda.

A los veinte años consiguió su primer empleo en una revista de modas y durante los siguientes años trabajó en muchas más en Londres y Nueva York. En 1988 la contrataron para el puesto que la haría famosa en el mundo de la moda: jefa de redacción de la revista *Vogue*. De inmediato decidió seguir sus instintos: en su primera portada presentó a una modelo con una blusa enjoyada que valía diez mil dólares y unos jeans comunes. Fue tan extraordinaria que al principio algunos consideraron que se trataba de un error, pero Anna no tenía miedo de probar cosas nuevas.

Treinta años después, sigue siendo jefa de redacción en *Vogue*. Aunque se le conoce por su apariencia inconfundible —corte de pelo bob y enormes lentes de sol—, es más que un simple ícono del estilo. Sus ideas audaces, su actitud decidida y su interés por la **filantropía** le ayudaron a cambiar positivamente el mundo de las revistas y de la moda.

NACIÓ EL 3 DE NOVIEMBRE DE 1949

INGLATERRA → ESTADOS UNIDOS DE AMÉRICA

LA GENTE RESPONDE BIEN
A QUIEN ESTÁ SEGURO DE
LO QUE QUIERE.
ANNA WINTOUR

ANNE HIDALGO

POLÍTICA

Ana María Hidalgo nació en San Fernando, España, pero su familia se mudó a Francia cuando era pequeña. Vivían en un barrio obrero lleno de inmigrantes como ellos, y Ana aprendió los dos idiomas: el español de sus padres y el francés que hablaban casi todos. En la adolescencia se cambió el nombre a Anne y adquirió la **ciudadanía** francesa, pero hoy tiene las dos nacionalidades.

Estudió trabajo social y derecho con el plan de trabajar algún día para el gobierno. Después de mudarse a París, se desempeñó muchos años como funcionaria pública hasta que finalmente ascendió al puesto de alcaldesa adjunta en 2001. Pasó trece años en ese puesto, trabajando para la gente de París, pero tenía que lograr más.

En las elecciones de 2014 lanzó su candidatura como alcaldesa. Algunos pensaron que no ganaría por ser inmigrante, pero hubo más gente que creyó que esa experiencia la hacía una mejor candidata, y tenían razón: ¡ganó las elecciones! Por cientos de años, París ha sido un importante centro político, empresarial, artístico y de la moda, además de tener muchos dirigentes, desde generales hasta reyes y alcaldes, pero nunca habían tenido una mujer a cargo hasta que llegó Anne.

Desde que es alcaldesa ha defendido los temas relacionados con el cambio climático porque quiere crear un mundo más verde, pero también sabe de la importancia de empezar desde el punto donde nos encontramos: «Mi visión para París es la de una ciudad ecológica donde todos podamos respirar aire fresco, compartir espacios abiertos y gozar la vida».

NACIÓ EL 19 DE JUNIO DE 1959
ESPAÑA ➝ FRANCIA

ILUSTRACIÓN DE
ALICE PIAGGIO

HE VISTO QUE LAS
CIUDADES PUEDEN
ACTUAR JUNTAS,
AUNQUE LOS PAÍSES
SE NIEGUEN A
HACERLO.
ANNE HIDALGO

ANNE WAFULA STRIKE

ATLETA PARALÍMPICA

Un día, una pequeña keniana de dos años enfermó muy gravemente. Sus angustiados padres la llevaron al hospital, donde los médicos la envolvieron en un yeso duro que no la dejaba moverse. Cuando sanó, Anne ya no podía caminar. Tuvo poliomielitis y estaba paralizada de la cintura para abajo.

Mucha gente de su pueblo no entendía qué era esa enfermedad y el curandero local dijo que le habían hecho magia negra. Sus vecinos la llamaban serpiente porque se desplazaba a rastras por el suelo.

Ahora su cuerpo funcionaba de otro modo, pero Anne se negaba a quedarse inmóvil. Aprendió a usar muletas y su padre encontró una escuela especial donde estudiaban niños con discapacidades. Fue una estudiante sobresaliente y la primera de su familia en ir a la universidad.

Años después, cuando trabajaba como maestra en Kenia, se enamoró de otro profesor llamado Norman, y decidieron casarse y mudarse a Essex, Inglaterra, donde había nacido Norman.

Un día en que Anne hacía ejercicio en la pista local, un entrenador la vio correr en su silla de ruedas y le preguntó si había intentado participar en competencias. Resultó que era rápida, muy rápida, y dos años después fue a Atenas, donde se convirtió en la primera mujer de África Oriental en correr en silla de ruedas en los Juegos Paralímpicos.

En 2006, Anne se volvió **ciudadana** británica y al año siguiente ganó una medalla de bronce en la Copa Mundial frente a una multitud entusiasta, pero ahora como atleta de su nuevo país: Gran Bretaña.

NACIÓ EL 8 DE MAYO DE 1969
KENIA → GRAN BRETAÑA

ME CONSIDERO UNA CHICA DE
ESSEX QUE NACIÓ EN ÁFRICA.
ANNE WAFULA STRIKE

ANNIKA SÖRENSTAM

GOLFISTA

Había una vez una niña sueca que prefería mantenerse al margen. Annika era una atleta segura que jugaba tenis y futbol, además de esquiar por las colinas alpinas. Cuando tenía doce años, empezó a jugar golf en un campamento de verano. «Estaba decidida a averiguar de qué se trataba», dijo.

Finalmente entró a un equipo y se convirtió en una golfista muy buena, pero había un problema: en los torneos juveniles, los ganadores daban un discurso de victoria y, como ella era tímida, perdió a propósito para quedar en segundo lugar. Sus entrenadores se dieron cuenta y cambiaron las reglas para que tanto el ganador como el segundo lugar pronunciaran discursos. Annika decidió que si de todos modos tenía que hablar, ¡más le valdría ganar!

Después de la preparatoria, jugó golf para la Universidad de Arizona. Ganó los torneos de la NCAA (Asociación Nacional Deportiva Universitaria) en su primer año de universidad y un año más tarde dejó sus estudios para volverse golfista profesional.

En las siguientes dos décadas se convirtió en una de las competidoras más exitosas de todos los tiempos. Ganó noventa torneos y entró al Salón Mundial de la Fama del Golf, convirtiéndose en la primera mujer en jugar el PGA Tour en cincuenta y ocho años. Doce meses antes de retirarse empezó su propia empresa y creó una fundación para introducir a las niñas al deporte. «Ahora mi objetivo es inspirar a otras para que jueguen», comentó.

NACIÓ EL 9 DE OCTUBRE DE 1970
SUECIA → ESTADOS UNIDOS DE AMÉRICA

NO JUEGO PARA OBTENER
FAMA O RECONOCIMIENTOS.
PARA MÍ, TODO SE REFIERE
AL DESEMPEÑO Y LA
SATISFACCIÓN.
ANNIKA SÖRENSTAM

ARIANNA HUFFINGTON

ESCRITORA Y CEO

Había una vez una niña llamada Arianna que leía todo lo que encontraba, además de que nada podía distraerla: ni los chicos que la invitaban a jugar, ni el ruido de los camiones que iban y venían de la estación de bomberos frente al departamento donde vivía con su familia en Atenas.

Con apenas dieciséis años se mudó a Inglaterra y obtuvo una beca para la Universidad de Cambridge. Otros alumnos se burlaban de su acento griego, pero ella se negó a callar. En lugar de ello, habló cada vez más, primero como presidenta del club de debate de Cambridge y después como periodista y comentarista en televisión.

En 1980 se mudó a Estados Unidos, donde cofundó un sitio web llamado *Huffington Post* para dar a conocer los puntos de vista de gente de todas partes del mundo. Mientras desarrollaba su negocio, también escribió libros, dio discursos y defendió las causas que le importaban. ¡A menudo trabajaba dieciocho horas diarias y dormía muy poco!

Entonces llegó el día en que su vida cambió. Mientras contestaba correos electrónicos y llamaba por teléfono, se desmayó, se rompió un pómulo y además se cortó la cara. Los médicos dijeron que tenía agotamiento y que, si no cambiaba su frenético horario de trabajo, se enfermaría muy gravemente.

Reajustó su vida para asegurarse de que su salud estuviera en primer lugar y fundó una nueva empresa, Thrive Global, dedicada a enseñarle a la gente a cuidar de sí misma sin dejar de hacer lo que le gusta.

NACIÓ EL 15 DE JULIO DE 1950

GRECIA → ESTADOS UNIDOS DE AMÉRICA

ES UN ERROR PENSAR
QUE EL ÉXITO ES
RESULTADO DE LA
CANTIDAD DE TIEMPO
QUE DEDICAMOS AL
TRABAJO, EN LUGAR
DE LA CALIDAD DEL
TIEMPO QUE INVERTIMOS
EN ÉL.
ARIANNA HUFFINGTON

ILUSTRACIÓN DE
FANNY BLANC

ASMA KHAN

CHEF

Un día, una pequeña visitó una magnífica fortaleza en India que había pertenecido a sus **ancestros**. Su padre le mostró los barrios pobres que había debajo y le dijo: «Esto es un accidente de nacimiento; tú podrías estar allá abajo o aquí. Usa tu vida para marcar la diferencia, porque al tener una posición privilegiada tienes el deber de elevar a los demás».

Pero Asma no se sentía poderosa. Era la segunda de sus hermanos y en India los varones eran tan importantes que a menudo una segunda hija era motivo de decepción, así que juró volverse un orgullo para su familia.

Luego se casó y se fue a Inglaterra, donde hizo un doctorado en Derecho. Extrañaba mucho su país y, un día que pasaba junto a la casa de una vecina, olió los aromas familiares de su infancia. Ansiaba cocinar esas recetas, de modo que viajó a India para pedirle a su madre que le enseñara.

Cuando regresó a Londres, formó un «club de cenas» en su casa. Se hizo amiga de otras mujeres que habían migrado del sur de Asia y las invitó a cocinar con ella. Sus cenas se volvieron tan populares que abrió un restaurante especializado en comida casera india, pero los alimentos eran solo parte de su misión. También quería empoderar a las mujeres, así que inició una organización sin afán de lucro para honrar los nacimientos de segundas hijas en India y empezó a contratar solamente a mujeres como personal para su restaurante. Muchas eran segundas hijas, como ella. «He visto crecer a estas mujeres, alzar la cabeza bien alto y sentirse orgullosas», dijo. «Esto es lo que les pasa a las mujeres cuando otras mujeres las apoyan».

NECESITAMOS UNIRNOS PARA PROTEGER LOS DERECHOS DE LA PRÓXIMA GENERACIÓN DE MUJERES Y DE LAS MUJERES ACTUALES QUE ESTÁN LUCHANDO.
ASMA KHAN

ILUSTRACIÓN DE PAOLA ROLLO

BANA ALABED

ACTIVISTA

Había una vez una niña feliz que vivía en la ciudad de Alepo, en Siria. Se llamaba Bana y le encantaba nadar con su padre, componer canciones e inventar juegos con sus amigos, además de explorar las hermosas flores de su jardín familiar.

Cuando tenía dos años su mundo empezó a cambiar. Estalló la guerra en Siria, había luchas en las calles y ya no podía jugar afuera. Muchos de sus amigos y parientes se mudaron a diferentes países, y algunos resultaron heridos o incluso murieron. Bana y su familia se sentían tristes, solos y muy atemorizados.

Unos años después, su propia ciudad fue atacada y durante semanas cayeron bombas en Alepo. Bana y su familia no podían conseguir comida, agua o medicinas, y necesitaban ayuda con desesperación. Auxiliada por su madre Fatemah, publicó mensajes en Twitter acerca de lo que pasaba en su ciudad a pesar de lo difícil y peligroso que esto era; cuando su internet no funcionaba, los vecinos las invitaban a usar el suyo con la esperanza de que el mundo entendiera lo que enfrentaba la gente común en Alepo y los ayudaran.

Finalmente, Bana y su familia tuvieron que huir de Siria y empezar una nueva vida en Turquía. Al principio ella tenía miedo de ir a un nuevo país, pero al llegar se dio cuenta de que no había guerra y que podía regresar a la escuela, así que se sintió muy feliz.

Bana desea ser maestra cuando crezca. «Quiero cambiarlo todo», dice. «Ya no quiero más guerras».

CIRCA JUNIO DE 2009
SIRIA ➞ TURQUÍA

HAZ LO QUE PUEDAS Y CREE
EN TI MISMA PORQUE TÚ
HACES EL FUTURO.
BANA ALABED

ILUSTRACIÓN DE
TATHEER SYEDA

CARMEN HERRERA

ARTISTA

Mientras crecía en La Habana, Cuba, con sus seis hermanos y sus padres, que eran periodistas, a Carmen le encantaba dibujar. Asistió a la universidad para estudiar arquitectura, pero solo durante un año. Había muchas protestas en Cuba y era frecuente que la universidad cerrara; sin embargo, como ella misma dijo después, cuando estuvo en la escuela se le «abrió un mundo extraordinario que ya nunca se cerró: el mundo de las líneas rectas».

Se casó y se mudó a Nueva York con su marido, que vivía allí. Todo el tiempo se dedicó a hacer arte en forma de audaces e ingeniosas pinturas y esculturas geométricas. Aunque otros artistas admiraban su obra, nunca pudo exhibir su trabajo en museos y galerías, como sí ocurría con los artistas hombres.

Finalmente vendió su primera pintura en 2004, cuando tenía ochenta y nueve años. A una edad en que muchos pintores dejan sus paletas y se retiran, Carmen apenas empezaba.

Todas las mañanas se sentaba frente a una enorme y hermosa ventana en su departamento de la ciudad de Nueva York y tomaba su cuaderno de bocetos para dibujar cualquier cosa que la inspirara, ya fueran las líneas y ángulos de las sombras o el recuerdo de un paisaje.

Tras décadas como pintora, alcanzó el máximo de la fama y los museos de todo el mundo exhibieron su obra. Siguió pintando todos los días hasta tener más de cien años. Después de todo, para qué detenerse. «He pintado toda mi vida», dijo. «Eso me hace feliz».

ILUSTRACIÓN DE
MAÏTÉ FRANCHI

NUNCA VI UNA LÍNEA RECTA
QUE NO ME GUSTARA.
CARMEN HERRERA

CARMEN MIRANDA

María do Carmo Miranda da Cunha nació en un pequeño pueblo de Portugal, pero su familia se mudó a Brasil cuando ella era una bebé. Su padre la llamaba Carmen en honor a la famosa ópera.

Carmen soñaba con tener una carrera en el espectáculo y grabó algunos de sus primeros álbumes con canciones populares brasileñas.

Después de su primer éxito discográfico en 1930, se volvió una estrella en Brasil, y cantó y bailó en una gran variedad de películas musicales. Para 1939 ya había creado su apariencia característica: ligeros vestidos coloridos, zapatos de plataforma y complejos peinados.

En junio de 1939, Carmen y su banda musical se presentaron en Broadway. El público estadounidense quedó cautivado con ella, así que su siguiente escala fue en Hollywood, donde filmó una docena de películas y se convirtió en la actriz mejor pagada del país.

Sin embargo, a medida que aumentaba su fama internacional, era menos popular en el país donde creció. Algunos brasileños pensaban que alentaba los estereotipos de la gente latina y que no era una verdadera brasileña porque no había nacido allí. La respuesta de Carmen fue grabar una desafiante canción en portugués titulada «Disseram que voltei americanizada» («Dicen que regresé americanizada»). A través de su perseverancia y resiliencia, demostró que una persona puede ser más de una cosa y provenir de más de un solo lugar.

9 DE FEBRERO DE 1909 – 5 DE AGOSTO DE 1955
PORTUGAL ➞ BRASIL Y ESTADOS UNIDOS DE AMÉRICA

ILUSTRACIÓN DE
SONIA LAZO

YO INVENTO MIS SOMBREROS,
MIS ZAPATOS, MI VESTUARIO.
TENGO IDEAS PARA MIS
CANCIONES Y SÉ EXACTAMENTE
LO QUE LE GUSTA A LA GENTE.
CARMEN MIRANDA

CAROLINA GUERRERO

PERIODISTA Y PRODUCTORA

Había una vez una niña llamada Carolina que siempre quería aprender cosas nuevas. En Colombia, el país donde creció, le enseñaba a la gente a bucear. Cuando se mudó a Nueva York, trabajó como comerciante de arte y diseñadora, y después organizó talleres, exposiciones artísticas y festivales culturales en toda América.

Pensaba que el mundo era tan abundante y pleno que no era posible que alguien se limitara a un solo lugar, idioma o **cultura**.

En su nuevo hogar en la ciudad de Nueva York, le encantaba oír programas de radio que contaban historias importantes y profundas sobre cosas que no hubiera podido conocer de otro modo; pero esos programas solo eran en inglés. ¿Qué pasaba con aquellos que, como ella misma, hablaban español? ¿Por qué no había un sitio donde pudieran narrar sus historias en su propio idioma?

Así que decidió empezar su propio podcast, al que llamó *Radio Ambulante,* dedicado a contar historias hechas por y para hispanoparlantes. Una vez por semana presentaban historias sobre bomberos en Perú, *punk rockers* en México, astrónomos en Argentina o estrellas de futbol en Brasil. Ella se convertiría en la CEO y tendría la responsabilidad de garantizar que *Radio Ambulante* creciera y prosperara como negocio.

Su primer programa se transmitió en 2011 y, ahora, cada semana lo escuchan millones de personas en todo el mundo. Con *Radio Ambulante,* Carolina logra unir a la gente a través del poder de la narrativa.

COLOMBIA → ESTADOS UNIDOS DE AMÉRICA

ILUSTRACIÓN DE
NOA DENMON

¡MUY BUENO!

HOLA

¡HAST LUE

RADIO

CÓMO STÁS?

¡HOLA

NO EXISTE NADA PARECIDO
A *RADIO AMBULANTE...*
CELEBRAMOS UN LENGUAJE,
UN IDIOMA COMÚN PARA
CONTAR SUS HISTORIAS.
CAROLINA GUERRERO

CHINWE ESIMAI

Había una vez una niña que creía que era preferible sobresalir que pasar inadvertida. Cuando Chinwe era adolescente, su familia se mudó a Estados Unidos desde Nigeria y, al llegar, notó que su aspecto y forma de hablar la distinguían, aunque no siempre de forma positiva. También vio que otros inmigrantes, especialmente las mujeres de color, con frecuencia trataban de desaparecer entre la multitud.

A la larga obtuvo un título de leyes en la Universidad de Harvard. En su trabajo como abogada, y después como profesora, notó el mismo comportamiento dañiño: a veces las inmigrantes procuraban minimizar sus diferencias a fin de tener éxito. Una de sus alumnas era de origen chino y nunca hablaba en clase aunque era muy inteligente. La chica pensaba que no debía hablar o destacarse hasta que su acento desapareciera, pero Chinwe creía que las diferencias culturales, incluso las suyas, eran una fortaleza, y que otras mujeres también deberían creerlo.

Empezó un sitio web y un blog sobre liderazgo donde las inmigrantes encontrarían consejos para convertirse en líderes, en especial en el mundo empresarial. Allí escribió sobre su propia experiencia, y finalmente se convirtió en directora administrativa y principal funcionaria anticorrupción y antisobornos en una compañía de inversiones, donde fue la primera persona en tener ese cargo. Logró todo eso sin ocultar quién era y luego dijo: «Creo que es muy importante ver positivamente nuestro origen y **cultura** porque es algo único que podemos aportar».

ILUSTRACIÓN DE
D'ARA NAZARYAN

TODAS LAS VOCES SON
IMPORTANTES.
CHINWE ESIMAI

CLARA JULIANA GUERRERO LONDOÑO

BOLICHISTA

No había lugar que le gustara más a Clara que el boliche, ni ningún sonido que amara más que ese estallido pesado de una bola que golpea los diez pinos al mismo tiempo. Su abuelo, sus padres y su hermano amaban el boliche y, desde los nueve años, Clara también fue bolichista. Además era realmente buena en ello y fue ganando torneos cada vez más grandes a medida que pasaba el tiempo.

Sin embargo, en su primer torneo para jóvenes bolichistas le fue mal y perdió, así que juró esforzarse más.

A los dieciocho años llegó al equipo nacional de boliche y fue una de las mejores de su país, Colombia, por lo que fue nombrada Novata del Año en ese deporte. Aun así, tenía sueños más grandes. El principal torneo del mundo se jugaba en Estados Unidos y el mejor equipo escolar estaba en la Universidad Estatal de Wichita.

Mudarse a un país totalmente nuevo sería un reto, pero estaba dispuesta a intentarlo. Valió la pena porque, con Clara en el equipo, ¡la Universidad Estatal de Wichita ganó los campeonatos nacionales!

Clara se graduó en 2006 con un título en negocios internacionales y en 2009, después de ganar dos medallas de oro en los campeonatos mundiales femeniles, la organización World Bowling Writers (Salón de la Fama del Boliche) la eligió Bolichista del Año. También la nombraron Atleta del Año en Colombia, y fue la primera bolichista en recibir ese honor.

NACIÓ EL 22 DE ABRIL DE 1982
COLOMBIA → ESTADOS UNIDOS DE AMÉRICA

MUDARSE A UN NUEVO PAÍS CON UNA CULTURA TAN LEJANA DE LA TUYA PARA PERSEGUIR UN SUEÑO TE AYUDA A SER MÁS FUERTE COMO PERSONA.
CLARA JULIANA GUERRERO LONDOÑO

CLARA LEMLICH SHAVELSON

ACTIVISTA

A los veintitrés años, a Clara ya la habían arrestado en diecisiete ocasiones. Cuando era adolescente, ella y su familia escaparon de la violencia antisemita en el Imperio ruso, en lo que hoy se llama Ucrania. Sin embargo, la vida en Estados Unidos era difícil. Desde que llegó, Clara empezó a trabajar en una de las muchas fábricas de ropa de Nueva York, que eran sitios oscuros, sucios e inseguros donde laboraban miles de mujeres que se sentaban frente a máquinas de coser de la mañana a la noche. Las obreras no tenían muchos derechos y había pocas leyes que las protegieran.

Los estadounidenses empezaron a formar sindicatos, que son grupos de trabajadores que se unen para alzar la voz y luchar por sus derechos. En esa época, la mayoría de los sindicatos tenían líderes hombres y no aceptaban mujeres, pero Clara insistió en que, para tener éxito, necesitaban de ellas. Organizó a sus compañeras obreras, escribió artículos y pidió a la gente que se emplazara a huelgas. Un día, lanzó un enardecido discurso en **yidis** durante una reunión del sindicato y eso causó una gran huelga que llevó a cambios importantes: mejores salarios y condiciones laborales.

Muchas veces fue injustamente detenida por su activismo, pero nunca dio marcha atrás. Se esforzó en luchar por causas como el **voto** de la mujer y ayudó a los inquilinos a enfrentar a los arrendatarios injustos. Su pasión por la justicia entre la clase obrera definió toda su vida.

28 DE MARZO DE 1886 – 12 DE JULIO DE 1982
UCRANIA → ESTADOS UNIDOS DE AMÉRICA

PIENSO QUE LAS
MUJERES QUE
COMPRAN Y USAN
HERMOSA ROPA
DESCONOCEN LA
SITUACIÓN Y LAS
CONDICIONES DE
LA CHICA QUE LAS
FABRICA, DE LO
CONTRARIO, LES
IMPORTARÍA Y
TRATARÍAN DE AYUDARLA.
**CLARA LEMLICH
SHAVELSON**

ILUSTRACIÓN DE
LISA LANOË

CLAUDIA RANKINE

Había una vez una niña de siete años que se llamaba Claudia cuya familia abandonó su hogar en una isla tropical para iniciar una nueva vida en la ciudad de Nueva York.

La vida en la hacinada y ruda Nueva York era muy diferente a la de Jamaica y su madre deseaba que Claudia estuviera orgullosa de ser jamaiquina, pero la chica también quería encajar con los demás. Su apariencia era semejante a la de otros afroestadounidenses, pero no compartía parte de su **cultura**, de modo que Claudia pasó mucho tiempo leyendo y pensando en su nuevo mundo. A la larga transformaría esas ideas en historias y poemas.

Posteriormente, Claudia obtuvo títulos universitarios en literatura y poesía, y empezó a dar clases en la universidad. Siguió observando, escuchando y escribiendo, y en 1994 publicó su primer poemario. Desde entonces ha ganado muchos premios importantes gracias a sus poemas y ha escrito varias obras teatrales. En 2014, uno de sus poemarios se convirtió en el primer libro de poesía en alcanzar un sitio en la lista de obras mejor vendidas del *New York Times* para publicaciones de no ficción.

Pero Claudia no escribe poemas para ganar premios, sino que los considera como conversaciones con el lector. Es frecuente que esas conversaciones traten sobre temas difíciles, como el **racismo**. Sin embargo, ella cree que de las conversaciones difíciles puede surgir el entendimiento. «Nuestro trabajo es ver a la persona que tenemos enfrente», dijo, «y si eso significa tener una conversación incómoda, pues tengámosla, por favor».

CIRCA 1963
JAMAICA → ESTADOS UNIDOS DE AMÉRICA

NO ESTABA ESPERANDO
A QUE ME ELIGIERAN;
NO ESCRIBES CON LA LIBERTAD
CON LA QUE YO LO HAGO SI ESO
ES LO QUE TIENES EN MENTE.
CLAUDIA RANKINE

DANIELA SCHILLER

NEUROCIENTÍFICA

Había una vez una niña que sentía curiosidad por saber cómo funciona el cerebro. A Daniela siempre le gustaron las preguntas complejas y, cuando era niña en Israel, pasaba horas en su patio haciendo brebajes y viendo qué pasaba si añadía una cosa a otra.

No obstante, había dudas que no podía aclarar. Para un proyecto de sexto grado quiso entrevistar a su padre acerca de sus experiencias en el **Holocausto**, pero esas vivencias eran muy dolorosas para contarlas.

Quería entender por qué el temor y los recuerdos dolorosos son tan potentes, así que se convirtió en una científica que estudia la parte del cerebro que controla las emociones y la memoria. Buscaba ayudar a personas que, como su padre, vivieron cosas horribles. Después de obtener su doctorado en neurociencia cognitiva se fue a Estados Unidos y consiguió trabajo en un importante laboratorio de investigación. Allí, los científicos estudiaban el uso de medicinas para cambiar los sentimientos de la gente acerca de sus malos recuerdos y que ya no tuvieran miedo, tristeza o dolor.

Luego Daniela hizo su propio descubrimiento increíble: es posible cambiar los malos recuerdos sin usar medicinas. Llegó a la conclusión de que, si una persona experimenta algo agradable mientras evoca una mala experiencia, eso le ayuda a modificar sus sentimientos. A partir de ahí siguió estudiando el cerebro y ahora dirige su propio laboratorio. Su trabajo pionero se usa para llevar salud y esperanza a personas que, como su padre, tienen traumas y ansiedad.

NACIÓ EL 26 DE OCTUBRE DE 1972
ISRAEL → ESTADOS UNIDOS DE AMÉRICA

NO SOMOS ESCLAVOS
DE NUESTRO PASADO. SI
ESTÁS ATASCADO EN UN
MAL RECUERDO... NO ES
PRECISAMENTE LA VERDAD
Y PUEDES CORREGIRLO.
DANIELA SCHILLER

DANIELA SOTO-INNES

Había una vez una niña que creía que la comida debía provocar alegría. Esa fue una lección que aprendió en la cocina familiar en México. Daniela pasó su infancia ayudando a su abuela en su pastelería y aprendiendo recetas de su madre. Cuenta que «sabía que eso era lo que me hacía más feliz».

Cuando tenía doce años se mudó con su familia de la Ciudad de México a Texas y dos años más tarde obtuvo su primer empleo en un restaurante; poco después fue a la escuela de artes culinarias. Pero cuando empezó a trabajar se decepcionó al ver que las cocinas no eran sitios felices. El personal laboraba muchas horas y los chefs eran muy exigentes, así que decidió que si alguna vez tenía un restaurante las cosas serían diferentes.

No esperó mucho. Su carrera empezó en la Ciudad de México y, cuando tenía cerca de veinticuatro años, le pidieron dirigir un restaurante mexicano en Nueva York. El lugar fue todo un éxito y eso permitió a Daniela combinar sus raíces latinoamericanas y estadounidenses de modo experimental.

En 2016 ganó el James Beard Award for Rising Star Chef (Premio James Beard para chefs emergentes). Luego abrió otro restaurante y ha ganado más premios, pero asegura que su mayor éxito es la comunidad que ha creado y el personal al que considera como familia. Sus cocinas siempre están llenas de risas, bailes y cantos, igual que la cocina de su infancia.

DECIDÍ QUE, SI ALGUNA VEZ DIRIGÍA
MI PROPIA COCINA, SE PARECERÍA
A LAS COCINAS DE MI NIÑEZ, LLENAS
DE DICHA, FELICIDAD Y COMUNIDAD.
DANIELA SOTO-INNES

ILUSTRACIÓN DE
CINDY ECHEVARRIA

DAPHNE KOLLER

Había una vez una niña llamada Daphne que amaba aprender. Le encantaban las matemáticas y las computadoras, y empezó a programar a los doce años. Cuando apenas era adolescente, les dijo a sus padres que le aburría la secundaria y que quería ir a la universidad.

Solo tenía diecisiete años cuando se graduó de la universidad en Israel y poco después decidió mudarse a Estados Unidos para obtener un doctorado. Llegó el 4 de julio, el día de la independencia estadounidense, y decidió que ese era un buen día para empezar su nueva vida en otro país.

Al estudiar la inteligencia artificial y antiquísimas ideas sobre la toma de decisiones, encontró nuevas formas de enseñarles a las computadoras a hacer predicciones, y su investigación ayudó a los médicos a averiguar cómo se propaga el cáncer, cómo prevenir enfermedades en bebés prematuros y a desarrollar otros trabajos que salvan vidas.

Por sus propias experiencias en la escuela, también sabía de la importancia de una educación flexible. Quería conectar a los estudiantes con el conocimiento que ansiaban, aunque no tuvieran el dinero o los medios para llegar a un aula.

Junto con su socio empezó Coursera, una empresa que permite que gente de todo el mundo tome clases universitarias en línea. Desde entonces, la eligieron para la Academia Americana de Artes y Ciencias y la revista *Time* la nombró una de las personas más influyentes del mundo.

NACIÓ EL 27 DE AGOSTO DE 1968
ISRAEL → ESTADOS UNIDOS DE AMÉRICA

EL MUNDO ES RUIDOSO
Y DESORDENADO.
NECESITAS LIDIAR
CON EL RUIDO Y LA
INCERTIDUMBRE.
DAPHNE KOLLER

DIANE VON FÜRSTENBERG

DISEÑADORA DE MODAS

En los cuentos de hadas, cuando una mujer se convierte en princesa, vive feliz para siempre en un castillo. Sin embargo, cuando una joven belga llamada Diane se casó con un príncipe alemán, no quiso llevar una vida cómoda: quería hacer algo. «Decidí tener una carrera», dijo. «Tenía que ser alguien por mérito propio».

Después de que Diane von Fürstenberg y su marido se mudaron a Estados Unidos y tuvieron dos hijos, ella empezó su propia línea de ropa, a la que llamó Diane von Fürstenberg Studio. Un día, Diane combinó una blusa cruzada con una falda y las convirtió en un sencillo vestido de manga larga atado a la cintura: un vestido cruzado. El diseño tuvo éxito. Fabricado con tela suave, sin cremallera ni botones, era cómodo y fácil de usar. Tenía un estilo lo bastante formal como para la oficina, pero lo suficientemente elegante para lucirlo también después del trabajo. En 1975, el estudio de Diane fabricó quince mil vestidos cruzados en una semana y, para 1976, había vendido ¡más de cinco millones!

En la actualidad, Diane von Fürstenberg posee uno de los imperios más poderosos de la moda y las mujeres de todas partes, incluyendo a la realeza y las estrellas de cine, visten su ropa. Diane también usa su éxito para orientar y ayudar a otras mujeres. «No sabía qué quería hacer», dijo, «pero sabía cuál era el tipo de mujer que quería ser».

NACIÓ EL 31 DE DICIEMBRE DE 1946

BÉLGICA → ESTADOS UNIDOS DE AMÉRICA

QUIERO EMPODERAR A
TODAS LAS MUJERES.
DIANE VON FÜRSTENBERG

ILUSTRACIÓN DE
ELISA SEITZINGER

DOREEN SIMMONS

COMENTARISTA DEPORTIVA

Había una vez una niña que soñaba con ver cómo era la vida en otro país que no fuera el suyo. Al concluir la universidad viajó lejos, primero a Singapur y luego a Japón. Allí, Doreen quedó cautivada con el deporte favorito de los japoneses: el sumo.

Mientras crecía en Inglaterra, solía encantarle un deporte llamado críquet, que veía todos los sábados y sobre el que hacía cuidadosas anotaciones. Años después, cuando se enteró del complejo mundo de las luchas de sumo, hizo lo mismo y se volvió experta.

«Me dediqué a ver sumo como hice con el críquet, tomando notas en mi propia tarjeta de resultados, además de aprender frenéticamente el japonés», dijo Doreen.

Viajó por todo Japón para ver torneos y escribió una columna sobre sumo para una revista. Era poco común que una mujer, en especial una extranjera, formara parte del círculo íntimo del sumo, pero Doreen no temía hacer cosas inesperadas. En 1992 la contrataron como comentarista de medio tiempo para las competencias de sumo en la televisión nacional de Japón, donde ayudaba a los espectadores a entender lo que sucedía en pantalla, y la televisora dependía de su conocimiento como experta. En 2017, el gobierno japonés le concedió la Orden del Sol Naciente, uno de los mayores honores del país, para distinguirla por sus contribuciones a la **cultura** japonesa.

29 DE MAYO DE 1932 – 23 DE ABRIL DE 2018
INGLATERRA → JAPÓN

TODO EN MI VIDA CAMBIÓ DEL
BLANCO Y NEGRO A GLORIOSO
COLOR, Y HE VIVIDO EN
GLORIOSO COLOR DESDE
ENTONCES.
DOREEN SIMMONS

ILUSTRACIÓN DE
PETRA BRAUN

EDMONIA LEWIS

ESCULTORA

Había una vez una niña llamada Wildfire («Fuego descontrolado»). Nacida en Nueva York de padre afrohaitiano y de madre perteneciente a la tribu mississauga ojibwe, quedó huérfana a temprana edad y la cuidaron las hermanas de su madre.

Cuando esa niña creció, dejó de usar su apelativo ojibwe y empezó a utilizar su otro nombre: Mary Edmonia Lewis o simplemente Edmonia. Asistió a una de las primeras universidades que aceptaban estudiantes de color, pero allí sufrió terribles muestras de **racismo**. Incluso la acusaron falsamente de envenenar a dos de sus compañeros blancos y la llevaron a juicio. El jurado la declaró inocente, pero la forzaron a abandonar la universidad sin graduarse.

Cerca de 1863 se mudó a Boston para convertirse en escultora. En aquellos tiempos ese era un trabajo difícil y sucio, y la gente pensaba que esa era una actividad de hombres.

Como la primera estadounidense de color en ser escultora profesional, atrajo la atención de los **abolicionistas** blancos, pero ella soñaba con vivir en un lugar donde la gente atendiera más a sus habilidades que a su origen **étnico**.

Alrededor de 1865 se mudó a Roma para integrarse a una comunidad de artistas y en 1876 creó una escultura de Cleopatra para celebrar el centenario de Estados Unidos. Por desgracia, el arte de Edmonia no sobrevivió, pero esa escultura sí. La obra desapareció durante un siglo hasta que se descubrió, cubierta de pintura, en un centro comercial de Chicago y ahora se exhibe en el Museo Smithsoniano de Arte Americano.

CIRCA 1844 – 17 DE SEPTIEMBRE DE 1907

ESTADOS UNIDOS DE AMÉRICA → ITALIA

TENGO FUERTE AFINIDAD POR
TODAS LAS MUJERES QUE
LUCHARON Y SUFRIERON.
EDMONIA LEWIS

ILUSTRACIÓN DE
MONICA AHANONU

EILEEN GRAY

ARQUITECTA Y DISEÑADORA DE MOBILIARIO

Había una vez una niña llamada Eileen que dejó Irlanda para estudiar dibujo en una famosa escuela de arte en Londres. Un día en que paseaba por las calles, se metió en una tienda donde los artesanos reparaban viejos biombos de laca. Al ver lo emocionada que estaba, la invitaron a ayudarles y así fue como Eileen cambió sus lápices de dibujo por herramientas al descubrir una nueva pasión: el diseño de muebles.

Años después se fue a París para estudiar arte y aprender del maestro de laqueado japonés Seizo Sugawara. Los dos artistas abrieron un estudio y la gente empezó a comprar los muebles únicos y llamativos de Eileen. A ella le encantaba experimentar con materiales poco comunes, como el vidrio, el cromo y los tubos de acero, y desafiaba los antiguos métodos de diseño. Al final, fundó su propia galería, donde vendía muebles, lámparas y tapetes tejidos a mano.

Con el tiempo, los intereses de Eileen pasaron del diseño de mobiliario a la arquitectura moderna. Leyó libros, tomó clases de dibujo técnico y acompañó a los arquitectos a las construcciones. También trazó sus propios proyectos. Su primera y más famosa edificación fue una casa de campo que llamó E-1027. Era blanca y rectangular, como una hilera de cubos de azúcar, y estaba montada en un risco frente al Mediterráneo. La revistió con sus propios muebles modernos. Siguió trabajando y creando hasta que murió, a los noventa y ocho años. Para entonces, ya se había ganado la reputación de pionera en el movimiento del diseño moderno.

9 DE AGOSTO DE 1878 – 31 DE OCTUBRE DE 1976
IRLANDA → INGLATERRA Y FRANCIA

PARA CREAR, PRIMERO DEBES
CUESTIONARLO TODO.
EILEEN GRAY

ILUSTRACIÓN DE
JOSEFINA SCHARGORODSKY

ELENA PONIATOWSKA

PERIODISTA Y ESCRITORA

Había una vez una niña llamada Elena que nació en Francia dentro de una familia rica descendiente de la realeza polaca.

Cuando Elena tenía cerca de nueve años, su familia se mudó a México para escapar de la Segunda Guerra Mundial. Quería aprender más sobre su nuevo país y sobre la gente que lo compartía con ella, y una de las mejores formas de hacerlo era convirtiéndose en reportera. Su labor consistía en prestar atención, escribir y formular preguntas, ¡algo que le encantaba hacer! Obtuvo su primer trabajo en un diario a los veintiún años.

La atraían historias que otros escritores pasaban por alto: aquellas sobre gente pobre, pueblos indígenas, prisioneros y mujeres. Escribió docenas de obras, incluyendo ensayos, libros de no ficción, artículos, novelas, poesía y libros infantiles.

También dio a conocer historias que otros periodistas temían escribir, como cuando los paramilitares atacaron a **manifestantes** pacíficos en la Ciudad de México en 1968. Elena tuvo el suficiente valor como para narrarlo y, aunque la amenazaron, creía que su libro sobre la matanza debía difundirse. Lo publicaron en todo el mundo y se volvió un éxito de ventas; eso ayudó a los sobrevivientes y a sus familias a entender lo que pasó aquella noche. Cuando el gobierno trató de premiarla por el libro, ella lo rechazó y dijo que, en lugar de eso, debían honrar a las víctimas.

En 2013, Elena ganó el Premio Cervantes, el mayor honor para escritores de habla hispana.

NACIÓ EL 19 DE MAYO DE 1932

FRANCIA → MÉXICO

SIEMPRE HACÍA DEMASIADAS
PREGUNTAS Y ASÍ SEGUIRÉ
HASTA QUE MUERA.
ELENA PONIATOWSKA

ELISA ROJAS

ABOGADA

Cuando Elisa nació, los médicos se preocuparon pues pensaron que esa niña tenía algo raro. Su cuerpo tenía una forma diferente porque algunos de sus huesos se habían roto durante el parto.

A sus padres no les importó porque, al verla a los ojos, se dieron cuenta de que les respondía con la mirada de una niña inteligente y vivaz.

Elisa nació con un problema genético que causaba que sus huesos se rompieran con facilidad y siempre necesitaría una silla de ruedas para moverse, pero era inteligente y curiosa, y no encontraba ninguna razón que le impidiera alcanzar sus sueños. Sus padres tampoco la encontraron y se mudaron de Chile a su nuevo hogar, en Francia, para que ella tuviera mejores oportunidades, no solo de atención médica, sino también para su mente brillante.

Elisa era una estudiante sobresaliente y decidió volverse abogada. Aprobó sus exámenes, pero tardó dieciocho meses en hallar un despacho legal dispuesto a contratar a una mujer en silla de ruedas.

Era una gran abogada, pero no siempre le resultaba fácil practicar su profesión. A menudo llegaba a los tribunales para representar a sus clientes y descubría que no podía entrar al edificio. Estaba furiosa. Tenía tanto derecho a entrar a esos sitios como cualquier otra persona en Francia, y su discapacidad no era el problema, sino la gente que se negaba a tratarla como una igual.

Ayudó a formar un grupo que luchara para lograr que las leyes hicieran justicia para la gente con discapacidades y sigue luchando por ello hoy en día.

NACIÓ EL 30 DE ABRIL DE 1979

CHILE ➞ FRANCIA

**SIMPLEMENTE QUEREMOS
RESPETO PARA NUESTROS
DERECHOS.**
ELISA ROJAS

ILUSTRACIÓN DE
ANNALISA VENTURA

ELISABETH KÜBLER-ROSS

PSIQUIATRA

Una noche de verano en Suiza nacieron unas trillizas llamadas Elisabeth, Erika y Eva. Desde el principio, Elisabeth decidió abrirse camino en el mundo y, antes de siquiera acabar la escuela, sabía que estudiaría medicina. Sus audaces planes enfurecieron a su padre, así que a los dieciséis años dejó su casa y se dedicó a trabajos ocasionales y de voluntariado en hospitales durante la guerra.

En 1951 entró a la facultad para estudiar psiquiatría y, luego de casarse con un compañero médico, se mudaron a Estados Unidos. En su nuevo empleo en un hospital trabajó con pacientes que tenían enfermedades incurables y le asombró ver cómo se les trataba porque el personal médico parecía saber muy poco de la muerte o de cómo hablar de ella. Como creía que la muerte es una parte normal de la vida y que la gente debería hablar de ella con franqueza, convenció al hospital de permitirle dar orientación y atención psicológica a los enfermos.

Durante el resto de su carrera como psiquiatra, profesora y escritora, enseñó a los estudiantes de medicina, médicos y enfermeras a ser abiertos y compasivos con los moribundos, además de que desarrolló la conocida teoría sobre las cinco etapas del duelo. Su labor cambió muchas actitudes en la comunidad médica e inspiró la creación del sistema de hospicios, que son clínicas especiales que atienden a pacientes terminales. Por su trabajo pionero, en 2007 se le incluyó en el Salón Nacional de la Fama de las Mujeres en Estados Unidos.

8 DE JULIO DE 1926 – 24 DE AGOSTO DE 2004
SUIZA → ESTADOS UNIDOS DE AMÉRICA

LA MÁXIMA LECCIÓN QUE DEBEMOS
APRENDER ES EL AMOR
INCONDICIONAL, NO SOLO HACIA
LOS DEMÁS, SINO TAMBIÉN
HACIA NOSOTROS MISMOS.
ELISABETH KÜBLER-ROSS

ILUSTRACIÓN DE
JENNIFER POTTER

ELIZABETH NYAMAYARO

POLITÓLOGA

Había una vez una niña que soñaba con trabajar para la ONU. Elizabeth tenía ocho años cuando hubo una terrible hambruna en Zimbabue, pero un día llegó la ayuda. Una joven vestida con uniforme azul se presentó en su pueblo para entregar alimentos y le dijo: «Como africanos, debemos enaltecer a todos los pueblos de África». Esa mujer trabajaba para la Organización de las Naciones Unidas, que se dedica a alentar a los países a unirse para resolver problemas y apoyar a la gente.

Después de que hubo una segunda hambruna, enviaron a Elizabeth a vivir con una tía que no conocía en Harare, la capital de Zimbabue, y a los diez años empezó a ir a la escuela, donde sufrió la desigualdad y los **prejuicios** por primera vez. Como no hablaba inglés y no sabía leer y escribir bien, sus compañeros la despreciaban. Fue una experiencia difícil, pero también la impulsó con más fuerza a ayudar a otras personas maltratadas.

Después se fue a estudiar ciencias políticas a Londres y, al graduarse, su sueño se volvió realidad: ¡obtuvo trabajo en la ONU! Como directora en jefe contribuyó a lanzar un importante movimiento mundial para la igualdad de género llamado *HeForShe*, que pide que hombres y mujeres se opongan por igual a los estereotipos y a la **discriminación**. Encontró un hogar en Nueva York, pero sueña con regresar algún día a África e incluso fundó una organización sin fines de lucro para ayudar a la gente de ese continente. «África me dio mucho y me hizo lo que soy ahora», dijo. «Quiero ser parte de la solución».

HA SIDO UN LARGO
CAMINO PARA LLEGAR
HASTA DONDE ESTOY.
ELIZABETH
NYAMAYARO

ILUSTRACIÓN DE
MARIAN BAILEY

EMILIE SNETHLAGE

Cuando tenía casi treinta años, Emilie ingresó a la Universidad de Berlín; era una alumna entusiasta que quería estudiar historia natural.

A pesar de ser muy inteligente, por desgracia también era una estudiante invisible. En Alemania todavía no se permitía que las mujeres se inscribieran oficialmente en la universidad, así que tenía que sentarse detrás de una pantalla cuando asistía a clases. A pesar de ese trato injusto, logró su doctorado en 1904 y empezó su carrera como asistente de Zoología en el Museo de Historia Natural de Berlín.

Pero la esperaba una mayor aventura. En 1905 la contrataron como zoóloga asistente en el Museo Paraense Emílio Goeldi, un museo e instituto de investigación en Belém, Brasil. Nunca había viajado tan lejos de su país hasta que abordó ese barco.

A partir de allí, Brasil se volvió su hogar. En parte científica y en parte exploradora, estudió a los animales de la Amazonia y viajó a sitios remotos del bosque pluvial para recolectar muestras. Es más famosa por su trabajo como ornitóloga, nombre que reciben los científicos que estudian aves. En 1914 se convirtió en la primera mujer directora de una institución científica en América del Sur. También publicó un libro sobre aves amazónicas que tiene ¡530 páginas! Ahora se le considera la ornitóloga más grande de la historia y cuando menos cinco especies animales, incluyendo dos de aves, llevan su nombre.

13 DE ABRIL DE 1868 – 25 DE NOVIEMBRE DE 1929
ALEMANIA ➝ BRASIL

ILUSTRACIÓN DE
BODIL JANE

CONOZCO TAN BIEN A LAS
AVES QUE SÉ CUÁL TENGO
ENFRENTE ANTES DE QUE
SIQUIERA ATERRICE.
EMILIE SNETHLAGE

EMMY NOETHER

MATEMÁTICA

Había una vez una niña cuya mente cobraba vida cada vez que estudiaba matemáticas. En los tiempos de Emmy, las aulas universitarias de Alemania no admitían mujeres, y aunque aprobó todos los exámenes que le hubieran permitido dar clases de inglés y francés a niñas, no quería seguir ese camino.

En 1904, la Universidad de Erlangen aceptó por primera vez el ingreso de mujeres y Emmy se inscribió de inmediato. Para 1907, ya había obtenido su doctorado en matemáticas y durante los siguientes siete años dio cátedra en esa misma universidad al lado de su padre, que también era matemático.

Debido a las injustas reglas para las docentes mujeres, la universidad se negó a pagarle, pero durante ese tiempo Emmy se ganó el respeto de otros matemáticos, incluyendo a dos de sus anteriores maestros. Un día le pidieron ayuda porque estaban teniendo dificultades con la nueva teoría de la relatividad de Albert Einstein. Durante el tiempo que trabajó con ellos, Emmy demostró un nuevo resultado matemático que ahora se conoce como «teorema de Noether» y que es una parte importante de la física. También ayudó a iniciar una nueva rama de las matemáticas conocida como álgebra abstracta.

Cerca de 1923, Emmy empezó a dar clases en la Universidad de Gotinga, donde era una maestra entusiasta y dedicada, pero cuando los nazis llegaron al poder, diez años después, despidieron a todos los profesores judíos como ella. Se fue a Estados Unidos y hoy se le considera una de las matemáticas más importantes del siglo XX.

23 DE MARZO DE 1882 – 14 DE ABRIL DE 1935
ALEMANIA → ESTADOS UNIDOS DE AMÉRICA

ILUSTRACIÓN DE
ELENI DEBO

MIS MÉTODOS SON EN
REALIDAD MÉTODOS DE
TRABAJO Y PENSAMIENTO.
EMMY NOETHER

FATMA IPEK ALCI

ACTIVISTA

Había una vez una enfermera llamada Fatma que se mudó de Turquía a Suecia para aprovechar sus habilidades y cuidar allí de los enfermos.

El primer vecindario donde vivió con su familia era muy bonito, pero cuando su hija enfermó y el hospital local ya no pudo ayudarla, Fatma y su familia se fueron a Estocolmo, la capital de Suecia, que tenía un hospital más grande.

Su nuevo barrio era muy diferente. No era seguro y los jóvenes se metían en problemas al dañar los mercados y otros negocios locales. Algunos habitantes temían salir de casa.

Fatma no creía que eso estuviera bien. Le importaba su nueva comunidad, así que se reunió con otros padres de familia para encontrar una solución. Bajo su dirección, organizaron equipos de vecinos que recorrerían la zona durante las noches para mantener seguros a todos.

También se dio cuenta de que los jóvenes se metían en aprietos porque no tenían nada que hacer, de modo que convenció al gobierno para que abriera un centro de trabajo para los adolescentes del lugar y eso contribuyó a mejorar la situación. Incluso ella misma empezó a tomar clases de seguridad personal.

En 2017, un periódico sueco la nombró Heroína del Año por su trabajo comunitario.

CIRCA 1954
TURQUÍA ➜ SUECIA

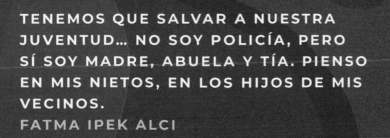

TENEMOS QUE SALVAR A NUESTRA
JUVENTUD... NO SOY POLICÍA, PERO
SÍ SOY MADRE, ABUELA Y TÍA. PIENSO
EN MIS NIETOS, EN LOS HIJOS DE MIS
VECINOS.
FATMA IPEK ALCI

FRIEDA BELINFANTE

CHELISTA Y DIRECTORA DE ORQUESTA

Había una vez una niña que vivía para la música. Su padre era pianista profesional, así que no fue sorpresa que ella tuviera un talento natural para la música. Tocó el chelo desde temprana edad y con el tiempo decidió convertirse en profesional, como su padre, pero las cosas no salieron como había planeado. Después de graduarse del conservatorio en Ámsterdam en 1921, quería ser música profesional y pidió empleo de maestra de música en una preparatoria, pero contrataron a un hombre al creer que disciplinaría mejor a los alumnos. A la larga, ese maestro frustrado renunció, y Frieda lo sustituyó. Era una profesora capaz y, aunque inesperado, también era una directora talentosa. El encargado de la sala real de conciertos de Ámsterdam le pidió ser directora de orquesta y directora artística de su orquesta de cámara, convirtiéndola en la primera mujer que dirigió una orquesta de cámara en Europa.

La Segunda Guerra Mundial interrumpió su carrera. Con valentía se unió a la **resistencia** holandesa aunque tenía origen judío, y después de que los nazis la persiguieron, se disfrazó de hombre y huyó a Suiza cruzando los Alpes a pie.

Luego de la guerra, **emigró** a Estados Unidos y trabajó como maestra de música en la Universidad de California en Los Ángeles. También fue directora artística y directora orquestal de la Filarmónica de Orange County e insistía en que los conciertos fueran gratuitos para que más gente asistiera. «Fui pionera en la música», dijo cuando tenía más de noventa años. «Eso me gustaba: llevar la música a donde no la hubiera».

10 DE MAYO DE 1904 – 26 DE ABRIL DE 1995
PAÍSES BAJOS → ESTADOS UNIDOS DE AMÉRICA

ILUSTRACIÓN DE
GOSIA HERBA

SIEMPRE FUI PERSISTENTE
Y NO ACEPTO UN NO
COMO RESPUESTA. SI NO
SE PUEDE HACER,
YO DIGO «YA VEREMOS».
FRIEDA BELINFANTE

GERALDINE COX

FILÁNTROPA

Había una vez una niña llamada Geraldine que ansiaba vivir fuera de su pueblecito en Australia. Cuando tenía diecinueve años pudo viajar al exterior y pasó un año trabajando como secretaria en una oficina en Londres. Al regresar a Australia su deseo de conocer el mundo se volvió aún más fuerte.

A los veintiséis años la contrataron en el Departamento de Asuntos Extranjeros de Australia y la enviaron a Nom Pen, Camboya, país que por ese entonces sufría una amarga guerra civil. Ese trabajo cambió el curso de la vida de Geraldine. En los años siguientes, su empleo la llevó a viajar por todas partes: de Filipinas a Tailandia e Irán. Mientras tanto, millones de camboyanos sufrían bajo un cruel dictador llamado Pol Pot y las noticias causaron gran dolor a Geraldine, que ansiaba regresar porque le preocupaban mucho ese país y su pueblo.

Tenía cincuenta años cuando volvió a Camboya y se ofreció como voluntaria en un orfanato. Hacía mucho que la guerra y Pol Pot habían desaparecido, pero el país seguía siendo muy pobre y se recuperaba de largos años de dificultades.

Luego empezaron más combates y los trabajadores del orfanato tenían miedo, pero Geraldine se negó a dejar atrás a los sesenta niños que vivían allí, así que fundó su propio orfanato, llamado Sunrise Cambodia, para ayudar a niños cuyas familias no podían cuidar de ellos. También puso una escuela y programas de capacitación. Con los años, miles de niños camboyanos han vivido en Sunrise y llaman *M'Day Thom* (Gran Madre) a Geraldine.

CIRCA 1945

AUSTRALIA → CAMBOYA

ILUSTRACIÓN DE
D'ARA NAZARYAN

TODOS QUEREMOS QUE
NOS NECESITEN.
GERALDINE COX

GERALDINE HEANEY

JUGADORA Y ENTRENADORA DE HOCKEY SOBRE HIELO

Los gritos de la multitud llenaban el estadio durante el juego por la medalla de oro entre Canadá y Estados Unidos en el primer mundial femenil de hockey sobre hielo. Una canadiense llamada Geraldine tomó el disco y lo disparó con tanta fuerza que su propio cuerpo voló por los aires en el momento en que el gol ganador chocó contra la red.

Geraldine nació en Irlanda del Norte y, cuando era bebé, sus papás decidieron mudarse a Canadá. Al llegar, se enteraron de que su nuevo país tenía una pasión: el hockey sobre hielo.

En cuanto tuvo edad suficiente para patinar, Geraldine siguió a sus hermanos mayores a la pista de hielo para unirse también al juego y, aunque no muchas chicas practicaban ese deporte, a ella no le importó: le encantaba jugar. Para cuando tenía trece años ya había firmado con un equipo femenil semiprofesional y en el curso de una década llegaría también al equipo nacional femenil.

Durante el tiempo que estuvo en el equipo de Canadá, ganó siete campeonatos mundiales, una medalla de plata en los Juegos Olímpicos de 1998 y una medalla de oro en los de 2002, su último torneo internacional. Fue la tercera mujer en ingresar al Salón de la Fama del Hockey.

Jugó su último partido profesional en 2004 durante el campeonato canadiense, e igual que lo hizo catorce años antes, anotó el gol ganador de la medalla de oro, pero esta vez tenía tres meses de embarazo de su primer hijo.

Después de dejar de jugar profesionalmente, se volvió entrenadora y ahora transmite su amor por el deporte a otras jóvenes.

NACIÓ EL 1 DE OCTUBRE DE 1967

IRLANDA DEL NORTE → CANADÁ

ME DIJERON QUE LAS NIÑAS NO JUGABAN HOCKEY... PERO SIMPLEMENTE LOS IGNORÉ.
GERALDINE HEANEY

ILUSTRACIÓN DE
PAOLA ROLLO

GERDA TARO

FOTÓGRAFA

Había una vez una niña temeraria que usaba su cámara para contar la verdad acerca del mundo. Gerta Pohorylle creció en Alemania, pero cuando los nazis subieron al poder tuvo que huir. A los veintitrés años se mudó a París, donde conoció a Endre Friedmann, otro **refugiado** judío, del cual se enamoró. Endre era un intrépido reportero gráfico y, mientras Gerta se desempeñaba como su asistente, él le enseñó todo lo que sabía. Al poco tiempo, ambos trabajaban como equipo y fueron a España para fotografiar la Guerra Civil.

Gerta y Endre enfrentaron muchos **prejuicios** por la intolerancia política y el antisemitismo en Europa, y para evitar la **discriminación** y obtener pagos más altos por su trabajo, inventaron un alias: un falso fotógrafo estadounidense llamado Robert Capa. Al principio, ambos publicaron sus fotografías con ese nombre, pero luego solo Endre lo utilizó, en tanto que Gerta dio a conocer su obra con el seudónimo de Gerda Taro.

La pareja viajó por toda España hasta el frente de la Guerra Civil. Tomaron fotografías de soldados y refugiados, y documentaron el daño que ese violento conflicto causaba a la gente común. Gerta era audaz y viajó a sitios cada vez más peligrosos, pero en 1937 ocurrió una tragedia: Gerta murió mientras fotografiaba la Batalla de Brunete. Se le considera la primera fotógrafa de guerra que falleció en combate. Más de diez mil personas llenaron las calles de París para despedirla en su funeral y honrar su valentía.

1 DE AGOSTO DE 1910 – 26 DE JULIO DE 1937

ALEMANIA → FRANCIA

ILUSTRACIÓN DE
MARTA GIUNIPERO

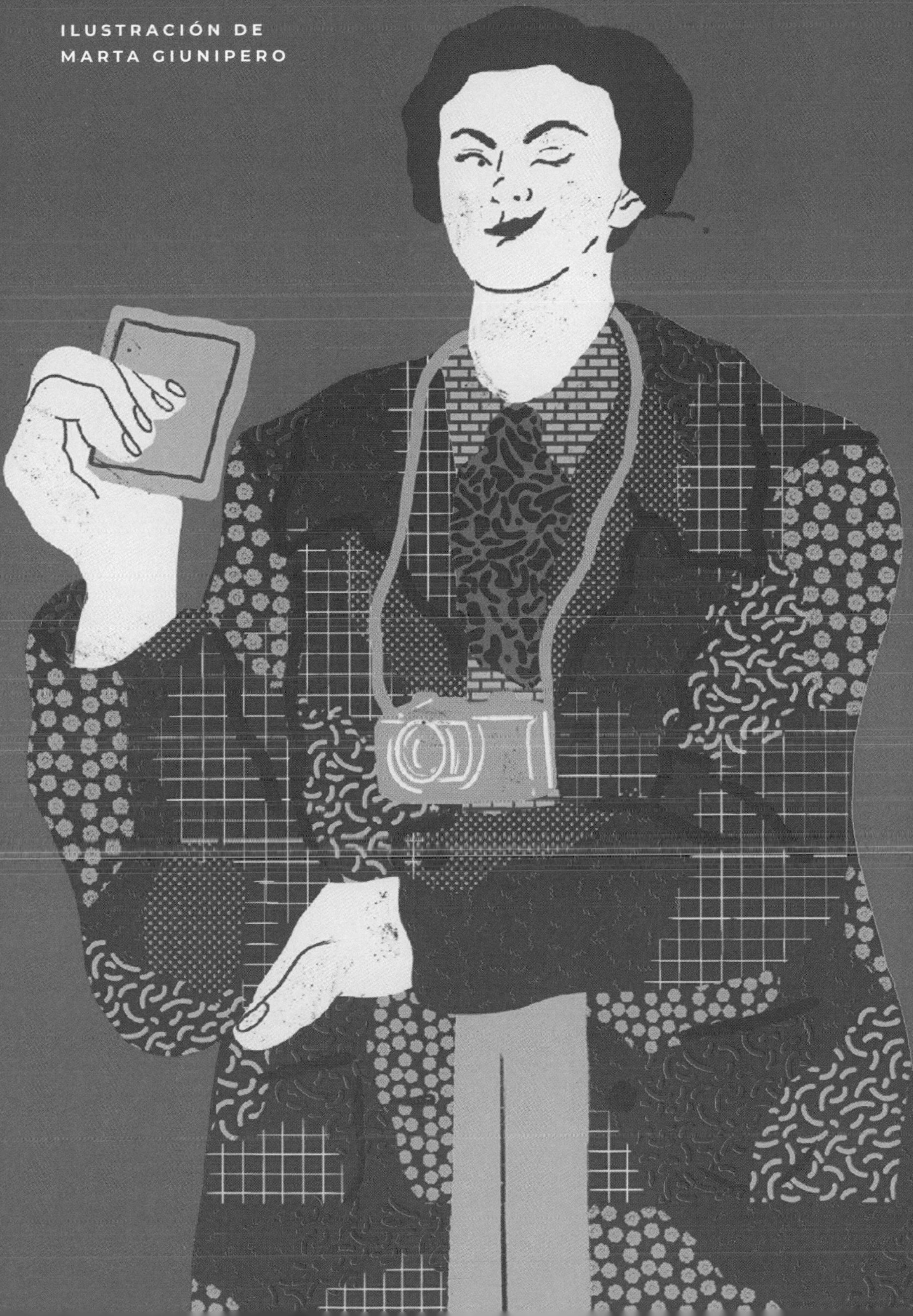

GLORIA ESTEFAN

CANTANTE

Había una vez una niña tímida que creció amando los reflectores. La familia de Gloria dejó Cuba en 1959 porque había una **revolución**, y se fueron a Florida para construir una nueva vida. Allí, sus hermanos y ella asistieron a la escuela, su madre encontró trabajo y su padre se ofreció como voluntario para ir a la Guerra de Vietnam, pero al regresar estaba muy enfermo.

Gloria pasó su adolescencia cuidando de su padre y en ese tiempo creció su amor por la música. «Cuando mi padre estaba enfermo, la música era mi escape», dijo. Al final, su amor por el canto la llevó al escenario. Conoció a otro cubano, llamado Emilio, que la invitó a entrar a su grupo musical.

Al poco tiempo se casaron y a la larga ella se volvió solista. Canta en inglés y español, por lo que es popular en Estados Unidos y en el extranjero. Sin embargo, en 1990 su carrera casi terminó. Durante una gira, el autobús en que viajaba tuvo un accidente y ella resultó muy herida. Los médicos dijeron que nunca volvería a caminar, pero menos de un año después estaba de vuelta en el escenario.

Gloria y Emilio se convirtieron en una poderosa fuerza en la industria musical. Entre ambos lanzaron más de veinte álbumes, ganaron veintiséis Premios Grammy y produjeron un musical. Tienen un estudio de grabación, una editorial de música, restaurantes, hoteles ¡y parte de un equipo de la NFL! En 2017, a Gloria le otorgaron el Premio Kennedy por sus contribuciones a la **cultura** de Estados Unidos y es la primera cubana-estadounidense en recibir ese galardón.

NACIÓ EL 1 DE SEPTIEMBRE DE 1957

CUBA → ESTADOS UNIDOS DE AMÉRICA

LA MÚSICA ES MI PRIMER AMOR.
GLORIA ESTEFAN

ILUSTRACIÓN DE
NAN LAWSON

GOLDA MEIR

POLÍTICA

Había una vez una niña que nació para ser **activista**. Cuando Golda estaba en la escuela, vio que algunos alumnos no tenían libros de texto porque no podían comprarlos, así que juntó a sus amigos con el fin de reunir fondos y comprar libros para sus compañeros. Unos años antes, ella y su familia habían **emigrado** a Estados Unidos, dejando su hogar en el Imperio ruso, en un país que hoy se llama Ucrania, donde los judíos ya no estaban a salvo.

En Estados Unidos, Golda estudió para maestra y enseñó **yidis** en una escuela de Milwaukee. También se unió a un grupo de activistas políticos que creían que el pueblo judío debía tener su propio país en Medio Oriente, en el sitio donde vivieron sus **ancestros**. A la larga, ella y su marido, Morris Meyerson, se mudaron a Medio Oriente y se integraron a un kibutz, que es una comunidad agrícola.

En 1948 fue una de las dos mujeres que firmaron la declaración de independencia de Israel y durante más de dos décadas trabajó en el gobierno. Cuando le pidieron tomar un nombre hebreo, cambió su apellido de Meyerson a Meir, que significa «iluminar».

Cuando tenía casi sesenta y ocho años, quiso retirarse, pero la gente le pidió que no lo hiciera. Entonces, un día, al morir repentinamente el primer ministro de Israel, Golda, que era secretaria general, se volvió primera ministra. Unos meses después, su partido ganó la elección y ella fungió como primera ministra por cuatro años y medio más. Fue la cuarta persona en ocupar el puesto y, hasta la fecha, es la única mujer primera ministra que ha tenido Israel.

3 DE MAYO DE 1898 – 8 DE DICIEMBRE DE 1978
UCRANIA → ESTADOS UNIDOS DE AMÉRICA E ISRAEL

EN REALIDAD NO ES IMPORTANTE
DECIDIR... CON EXACTITUD
LO QUE QUIERES SER CUANDO
SEAS GRANDE. ES MUCHO MÁS
IMPORTANTE DECIDIR CÓMO
QUIERES VIVIR.
GOLDA MEIR

HANNAH ARENDT

Había una vez una niña con una mente brillante que no temía hacer preguntas difíciles. Se llamaba Hannah y para su adolescencia ya había aprendido griego antiguo, había leído muchos libros clásicos y había memorizado muchos poemas alemanes y franceses.

Fue a la universidad, donde aprendió a tener grandes ideas y a hacer preguntas complejas. Eligió la carrera de filosofía, que es el estudio del conocimiento, de lo correcto e incorrecto, y de cómo piensa la gente. En 1929 obtuvo su doctorado y quiso ser profesora para ayudar a otras personas a que también se convirtieran en grandes pensadores.

Sin embargo, en 1933 la mandaron a la cárcel porque había investigado al Partido Nazi y sus planes de dañar al pueblo judío. Cuando los funcionarios nazis se enteraron, la arrestaron.

Después de su liberación, Hannah escapó a Francia y luego **emigró** a Nueva York como **refugiada**. Con el tiempo se volvió profesora y dio clases en algunas de las principales universidades estadounidenses. Escribió libros de filosofía política que examinan temas como la lucha entre el bien y el mal. Una de sus teorías más importantes intenta explicar cómo la gente común se deja llevar por gobiernos y sistemas políticos que hacen cosas malas. Eso es algo que trató de entender en su país de origen, al observar que sus compatriotas alemanes se afiliaban a los nazis. Sus profundas reflexiones y sus escritos la convirtieron en una de las filósofas más importantes del siglo xx.

14 DE OCTUBRE DE 1906 – 4 DE DICIEMBRE DE 1975
ALEMANIA → FRANCIA Y ESTADOS UNIDOS DE AMÉRICA

LA TRISTE VERDAD ES QUE LA MAYORÍA DE LOS MALES LOS COMETEN PERSONAS QUE NUNCA TOMARON LA DECISIÓN DE SER BUENAS O MALAS.
HANNAH ARENDT

HAZEL SCOTT

MÚSICA Y ACTIVISTA

Había una vez una niña llamada Hazel que tenía un don especial para la música. Su madre era pianista y maestra de música, y cada vez que alguno de sus alumnos se equivocaba en una nota, Hazel gritaba como si le doliera.

Un día, cuando tenía tres años, Hazel se montó en el banco del piano e interpretó una de sus canciones favoritas sin que siquiera se le hubiera enseñado. Resultó que tenía oído absoluto y no podía tolerar que una nota se tocara mal.

Al poco tiempo, ella, su madre y su abuela abandonaron Trinidad para mudarse a Nueva York en búsqueda de mejores oportunidades. Cuando Hazel audicionó en la Escuela Juilliard, una de las academias de música más famosas del mundo, el profesor que la escuchó dijo que era un genio y le concedió una beca especial. En general, Juilliard no aceptaba alumnos menores de dieciséis años y ¡Hazel solo tenía ocho!

Podía tocar y cantar cualquier cosa, fuera jazz, blues o música clásica; en poco tiempo se volvió famosa y usó su fama para luchar contra la **discriminación** que enfrentaban las personas negras. Cuando se le pidió aparecer en películas de Hollywood, se negó a hacer papeles o llevar vestuario que fueran denigrantes para las mujeres negras. En sus giras rehusaba tocar para públicos **segregados**.

«¿Por qué alguien vendría a escucharme... y se negaría a sentarse junto a una persona como yo?», dijo. Los diarios dijeron que tenía «un estilo propio».

11 DE JUNIO DE 1920 – 2 DE OCTUBRE DE 1981
TRINIDAD → ESTADOS UNIDOS DE AMÉRICA

ILUSTRACIÓN DE
SABRENA KHADIJA

¿QUIÉN CAMINA EN FILA
HACIA LA LIBERTAD? SI NO
PODEMOS IR DE LA MANO,
NO QUIERO IR.
HAZEL SCOTT

ILHAN OMAR

POLÍTICA

Había una vez una niña somalí cuyo abuelo le contó un secreto: tenía el espíritu de una poderosa soberana, como la legendaria reina Arawelo de Somalia, y eso la hizo sentir orgullosa.

Cuando tenía casi ocho años, estalló una guerra en Somalia y los proyectiles que volaban cerca destruyeron su casa. Su familia huyó a un campo de **refugiados** en Kenia y cuatro años después encontraron **asilo** en Estados Unidos. Ella y su familia se asentaron en Minnesota, pero Ilhan era diferente de muchos chicos de su escuela porque era negra, refugiada y musulmana.

Su abuelo le explicó que Estados Unidos era un país democrático, por lo que todos podían opinar en el gobierno, sin importar sus diferencias, y a Ilhan le fascinó la forma en que la política puede mejorar la vida de la gente.

Se volvió **ciudadana** estadounidense a los diecisiete años y, después de graduarse de la universidad, trabajó en campañas políticas antes de tomar la decisión de postularse como candidata. En 2016 ganó un escaño en el gobierno de Minnesota y dos años más tarde se lanzó al Congreso de Estados Unidos, donde también ganó. Se convirtió en la primera estadounidense de origen somalí en ser representante del país norteamericano. Cuando viajó a Washington, D.C., para prestar juramento, aterrizó en el mismo aeropuerto al que había llegado como refugiada.

Aunque algunos critican sus ideas, no teme expresar lo que considera correcto y, gracias a ella, muchas más personas tienen una representación en la democracia de Estados Unidos.

NACIÓ EL 4 DE OCTUBRE DE 1982

SOMALIA → KENIA Y ESTADOS UNIDOS DE AMÉRICA

ILUSTRACIÓN DE
ALESSANDRA
DE CRISTOFARO

LOS MIEMBROS DEL
CONGRESO SE VERÁN
IGUAL QUE EL PUEBLO
DE ESTADOS UNIDOS.
ILHAN OMAR

INDRA DEVI

YOGUI

Eugenie era una niña que se sentía a gusto en cualquier lugar del mundo. Su padre era sueco y su madre rusa. Ella nació en Letonia y cuando era joven se mudó a Alemania, donde se convirtió en actriz y bailarina.

Sin embargo, había un lugar que la atraía más que ningún otro: India. Le fascinaba la poesía de ese país, su **cultura** y, más que nada, el yoga: una práctica espiritual que incluye meditación, ejercicios de respiración y posturas que tranquilizan el cuerpo y la mente. En esa época, el yoga se practicaba sobre todo en India. En algunos países como la Unión Soviética incluso estaba prohibido. Eugenie quería saber más al respecto.

En 1927 se embarcó hacia India y tres años después conoció a un famoso gurú, o maestro, llamado Sri Tirumalai Krishnamacharya. La primera vez que le pidió que le enseñara, él se negó. El yoga era una práctica principalmente masculina y no quería mostrársela a una mujer, pero ella insistió y él terminó accediendo. Eugenie decidió adoptar otro nombre en su nuevo hogar: Indra Devi.

No pasó mucho tiempo antes de que su maestro se diera cuenta de que tenía una alumna especial que podía compartir el yoga con el resto del mundo, así que Indra viajó por todas partes, desde China hasta Estados Unidos, México y, a la larga, Argentina, que se convirtió en su hogar adoptivo.

Indra decía que el yoga es «el arte y la ciencia de la vida» y muchos de sus admiradores en todo el mundo la llamaban *mataji*, que significa «madre» en hindi.

12 DE MAYO DE 1899 – 25 DE ABRIL DE 2002
LETONIA ➜ INDIA Y ARGENTINA

EN LA MEDITACIÓN NO
PIDES NADA. SIMPLEMENTE
CONTEMPLAS.
INDRA DEVI

ILUSTRACIÓN DE
JOSEFINA SCHARGORODSKY

JAWAHIR JEWELS ROBLE

ÁRBITRA

Había una vez una niña en Londres que jugaba futbol cada que podía, sin importar las faldas o el hiyab que vestía, ni la desaprobación de sus padres, ya que sabía que su lugar era la cancha. Jawahir, a quien apodaban «JJ», aprendió a jugar en las calles de Mogadiscio, donde a veces usaba una papa en lugar de balón. Cuando su familia huyó de Somalia debido a la guerra civil y se fue a Inglaterra, su amor por el futbol fue algo que nunca cambió.

En la adolescencia, su pasión por el deporte le ofreció una oportunidad inesperada. Un día le pidieron arbitrar un partido de la liga juvenil y le gustó tanto ese reto que decidió convertirlo en su carrera.

En el futbol, como en la mayoría de los deportes, los árbitros necesitan pensar rápido y con determinación. Como la primera musulmana en ser árbitra de futbol en el Reino Unido, también tuvo que superar los **prejuicios** y el **racismo**. A menudo las jugadoras se sorprendían de ver que su árbitro era una pequeña mujer somalí que vestía hiyab. «No permito que eso perjudique mi desempeño», dijo después. «El arbitraje es un trabajo difícil. Hay muchas presiones y debes enfocarte y tomar decisiones rápidas, así que no tengo tiempo para reparar en lo que otros piensan de mí».

Rápidamente avanzó de arbitrar competencias juveniles a partidos de adultos y ganó premios por su trabajo. Utiliza su influencia para alentar a otras chicas musulmanas a jugar futbol y se fijó la meta de ser árbitra en la Copa Mundial Femenina de 2023. «Ese sería un sueño hecho realidad», comentó.

ES BUENO LLEVARTE AL LÍMITE Y PONERTE
A PRUEBA. AL SER ÁRBITRA APRENDES
MUCHOS VALORES, COMO TOMAR
DECISIONES Y SER FUERTE.
JAWAHIR JEWELS ROBLE

JOSEPHINE BAKER

ARTISTA Y ACTIVISTA

Había una vez una niña que deslumbró al público de París con sus faldas enjoyadas y sus danzas espectaculares.

Como niña negra que creció en Estados Unidos, Josephine se ganaba la vida limpiando casas y cuidando niños, y, a veces, sus patrones blancos la trataban con crueldad e ignorancia. Con el paso del tiempo entró a una compañía de vodevil e hizo giras por el país. Cuando tenía diecinueve años, se fue a Francia, donde despegó su asombrosa carrera como cantante, bailarina y actriz. Se volvió **ciudadana** francesa en 1937.

Durante la Segunda Guerra Mundial, usó su fama y sus talentos para ayudar a enfrentar a los nazis. Cautivaba a los oficiales alemanes y les pasaba información a los **Aliados**, además de transmitir mensajes privados para la **Resistencia**, escribiéndolos con tinta invisible en sus partituras. Años después, el gobierno francés le concedió la Legión de Honor, su mayor condecoración para el valor.

Al terminar la guerra, visitó Estados Unidos y le enojó ver que la gente negra seguía enfrentando la misma **discriminación** que ella sufrió de niña, así que acompañó a Martin Luther King, Jr., y dio un discurso ante una multitud que quedó fascinada con ella en la Marcha a Washington en 1963.

«Entré a los palacios de reyes y reinas, y a las casas de presidentes...», dijo. «Pero no puedo entrar a un hotel en Estados Unidos y pedir una taza de café. Eso me pone furiosa y, cuando me enojo, ya saben que abro mi bocota. Entonces cuídense, porque, cuando Josephine abre la boca, el mundo la escucha».

3 DE JUNIO DE 1906 – 12 DE ABRIL DE 1975
ESTADOS UNIDOS DE AMÉRICA → FRANCIA

CUANDO GRITÉ CON TODAS MIS FUERZAS,
EMPEZARON A ABRIR UN POQUITO LA
PUERTA Y TODOS PUDIMOS METERNOS
POCO A POCO.
JOSEPHINE BAKER

JUDY CASSAB

. . . .

PINTORA

Una niña llamada Judy tomó por primera vez un pincel cuando tenía doce años. Amaba el arte y, al pintar, plasmaba sus sentimientos en el lienzo para que todos los vieran.

Pero entonces ocurrió la Segunda Guerra Mundial en Europa y la vida de su familia estaba en peligro porque eran judíos. Judy tuvo que dejar la escuela de pintura y vivir con una falsa identidad para que no la capturaran. Al terminar la guerra, le entristeció la destrucción que veía alrededor porque solo quería pintar cosas bellas.

En 1951, ella y su marido, Jancsi Kampfner, se mudaron con sus dos hijos pequeños a Australia. La familia vivía en una atestada pensión con muchos otros inmigrantes y era difícil encontrar trabajo, pero Judy estaba decidida a hacer arte, así que empezó a pintar retratos de empresarios y de sus familias en Australia. Cuando se propagaron noticias de su talento, comenzó a viajar por el mundo para retratar a la realeza y a otros famosos.

Pintaba hermosos paisajes e imágenes abstractas, pero también le encantaba hacer retratos. Cuando las personas iban a su estudio para posar, les hacía preguntas porque quería saber cómo eran por dentro, al igual que por fuera.

En 1967 se convirtió en la primera mujer artista en ganar dos veces el mayor premio que concedía Australia para los retratistas.

LOS OJOS SON ALGO A LO QUE SIEMPRE REGRESO, COMO UN BARCO QUE NAVEGA HACIA UN FARO.
JUDY CASSAB

ILUSTRACIÓN DE
CECILIA PUGLESI

JULIETA LANTERI

MÉDICA Y POLÍTICA

Había una vez una niña que creía que las mujeres y los hombres eran iguales, aunque las leyes dijeran lo contrario. Su familia **emigró** de Italia a Argentina cuando era pequeña y Julieta descubrió con rapidez que su nuevo país tenía tantos retos como el anterior.

Era lista y decidida, y fue la primera chica en inscribirse a la preparatoria y después a la universidad, en la Facultad de Medicina. Sin embargo, le dijeron que las mujeres no debían tener una carrera y no podía participar en algunas actividades académicas. También la discriminaron por ser inmigrante.

Luego de obtener su título, solicitó el puesto de profesora en la Facultad de Medicina, pero la rechazaron por no ser ciudadana. Para pedir la ciudadanía en Argentina, por lo general las mujeres tenían que estar casadas y, aunque ella se casó y se convirtió en **ciudadana** en 1911, no le permitían votar.

Julieta se esforzó en cambiar las leyes injustas y, como médica, ayudó a la gente que no tenía acceso a medicinas y a quienes padecían enfermedades mentales. Entró en la política y se expresó audazmente a favor del **sufragio** femenino y otras causas. Incluso inició su propio partido político, el Partido Feminista Nacional. Por desgracia, murió en un accidente de auto en 1932. Quince años después, las mujeres obtuvieron el derecho al voto en Argentina, y eso fue gracias a la obra de valientes luchadoras como la doctora Julieta Lanteri.

22 DE MARZO DE 1873 – 25 DE FEBRERO DE 1932
ITALIA ➜ ARGENTINA

LAS MUJERES DEBEN LUCHAR
PARA LOGRAR LA CONQUISTA
DE SUS DERECHOS.
JULIETA LANTERI

KAREN CORR

Había una vez una niña que quería tener un sitio en cierto tipo de mesa. A Karen le gustaba acompañar a su padre cuando visitaba el bar local de su pueblo en Irlanda del Norte y, al llegar allí, sus ojos siempre iban primero a la mesa verde de la esquina. Era una mesa de *snooker*, un juego parecido al *pool*.

Cuando Karen tenía ocho años, su familia se mudó a Inglaterra, donde su padre y su hermano se unieron a un club local de *snooker*. Cuando cumplió catorce años, Karen ya no quiso estar al margen y solo mirarlos. Estaba lista para aprender a jugar e insistió en que también la dejaran entrar al club.

Resultó que era muy buena jugadora. Le encantaba el silencioso poder del juego y la forma en que un rápido movimiento del taco lanzaba en muchas direcciones las bolas que giraban.

Entró a su primer torneo profesional menos de un año después y llegó a las rondas finales. Cuando tenía veintiún años, ganó el Campeonato Mundial Femenil de *snooker*, que volvió a ganar dos veces más en los siguientes años.

Era difícil ganarse la vida como jugadora en el Reino Unido, aun siendo una de las mejores del mundo, así que cambió al *pool* y se mudó a Estados Unidos, donde los jugadores profesionales podían conquistar premios más grandes. En unos cuantos años Karen, a quien apodaban «la Invasora Irlandesa», alcanzó el primer lugar entre las jugadoras de billar y en 2012 fue incluida en el Salón de la Fama del Congreso Americano de Billar.

NACIÓ EL 10 DE NOVIEMBRE DE 1969

IRLANDA DEL NORTE → INGLATERRA Y ESTADOS UNIDOS DE AMÉRICA

ILUSTRACIÓN DE
AKVILE MAGICDUST

CUANDO GANÉ LOS NACIONALES,
ESTABA TAN FELIZ QUE SALTÉ
SOBRE LA MESA DE *POOL* Y
¡BAILÉ UNA JIGA IRLANDESA!
KAREN CORR

KAREN HORNEY

PSICOANALISTA

En 1906, cuando hacía apenas seis años que las mujeres tenían permiso legal para asistir a la universidad en algunas partes de Alemania, Karen anunció que estudiaría medicina. Sus padres estaban horrorizados porque la Facultad de Medicina ¡no era sitio adecuado para una señorita!, pero a Karen eso no le importaba.

Mientras estudiaba, Karen dio a luz a su primer hijo y sus dos padres murieron en el curso de un año. Eso fue demasiado para ella y durante ese tiempo difícil recibió terapia psicológica, lo cual despertó su interés en el psicoanálisis, un tratamiento de salud mental en el que los médicos ayudan a los pacientes a explorar sus pensamientos, emociones y temores.

A la larga, Karen enseñó psicoanálisis y trató pacientes en Berlín. En ese entonces, el psicoanalista más famoso era un hombre llamado Sigmund Freud, que no entendía bien a las mujeres y decía que estaban celosas ¡porque no podían ser como los hombres!

Karen pensó que era ridículo porque las mujeres son seres humanos con sentimientos propios. En sus escritos, se enfocó en la manera en que la **cultura** en que crece la gente afecta cómo piensa de sí misma y que eso es algo cierto en el caso de hombres y mujeres por igual.

A inicios de la década de 1930, Karen estaba en desacuerdo con Freud y sus seguidores en Alemania, además de que le preocupaba el ascenso del Partido Nazi al poder, así que **emigró** a Estados Unidos y encontró un hogar en la ciudad de Nueva York. Hoy se le reconoce como una pionera de la psicología femenina.

16 DE SEPTIEMBRE DE 1885 – 4 DE DICIEMBRE DE 1952
ALEMANIA → ESTADOS UNIDOS DE AMÉRICA

ILUSTRACIÓN DE
LUISA RIVERA

COMO EN TODAS LAS CIENCIAS
Y TODAS LAS VALORACIONES,
HASTA LA FECHA LA PSICOLOGÍA
DE LAS MUJERES SE HA
ESTUDIADO SOLO DESDE EL
PUNTO DE VISTA DE LOS
HOMBRES.
KAREN HORNEY

KARIN SCHMIDT

MUSHER Y VETERINARIA

Había una vez una niña que amaba a los animales. Karin cuidaba de cualquier animal que su madre le dejara meter en casa: perros y gatos, por supuesto, pero también ratones, serpientes, patos ¡e incluso insectos! Algunos padres no permitirían un pequeño zoológico en casa, pero los padres de Karin siempre la apoyaron mucho.

Nació en Alemania, pero antes de que cumpliera cinco años, su familia se mudó a Canadá y luego a Estados Unidos, donde viajaron de un estado a otro. Ella corría por los campos, acampaba y cuidaba animales dondequiera que fuera. Para los seis años, sabía exactamente lo que quería hacer al crecer: sería veterinaria.

Después de graduarse en 1981, estaba lista para la aventura. Empacó sus cosas en una camioneta y se fue a Fairbanks, Alaska, para trabajar como veterinaria, y allí descubrió un popular deporte local: los trineos de perros.

Se fabricó su propio trineo con tablas y esquíes, y se consiguió un enorme san bernardo para que lo tirara. Le encantaba la sensación de correr por la nieve con su perro, y para alguien que ama el aire libre y estar con los animales, aquello era perfecto. Oficialmente se convirtió en *musher*, o corredora de trineos de perros, y consiguió un mejor trineo y ¡más perros! También se desempeñó como veterinaria voluntaria en las carreras, donde se ocupaba de los canes que recorrían cientos de kilómetros en temperaturas heladas para asegurarse de que no se lastimaran o esforzaran demasiado. Al final llegó a ser la veterinaria en jefe del Iditarod, la carrera de trineos más famosa del mundo.

ALEMANIA → CANADÁ Y ESTADOS UNIDOS DE AMÉRICA

ILUSTRACIÓN DE
ELENIA BERETTA

EXISTIMOS AQUELLOS A LOS QUE
SÍ NOS IMPORTA. EXISTE GENTE
QUE ESTÁ PONIENDO ESTÁNDARES
MUY ALTOS PARA EL CUIDADO DE
LOS PERROS. KARIN SCHMIDT

KEIKO FUKUDA

JUDOCA

Cuando Keiko era niña y vivía en Japón, estudió caligrafía, arreglos florales y la ceremonia del té, como cualquier otra joven educada. Un día decidió que también aprendería **judo**.

No era una estudiante común porque su abuelo era samurái y maestro de *jiu-jitsu*, y su instructor fue uno de los mejores alumnos de su abuelo. Ese maestro inventó un nuevo arte marcial en el que los oponentes sujetan al otro al tapete usando el equilibrio y la fuerza, y envió una invitación especial a Keiko para que entrenara con él.

Al principio, la niña se sorprendió de ver mujeres judocas, o atletas de judo, que mostraban agresión y fuerza física, pero una persona no necesita ser de gran tamaño para tener éxito en el judo. Solo debe ser inteligente, fuerte y estar dispuesta a esforzarse.

Cuando Keiko descubrió que tendría que dejar el judo para casarse en un matrimonio arreglado, tomó una decisión: no se casaría. Sus compañeros judocas serían su familia.

Antes de morir, el maestro pidió a sus alumnos que enseñaran judo en todo el mundo y así lo hizo Keiko. Se fue a Estados Unidos a enseñar y, al mismo tiempo, fue subiendo de nivel. Para 2006, era cinturón negro del noveno grado y la judoca con mayor rango en el mundo, apenas un paso por debajo del más alto escalafón en esa disciplina y que ninguna mujer había alcanzado antes.

En 2011, a los noventa y ocho años, USA Judo (Asociación Estadounidense de Judo) la ascendió a cinturón negro del décimo grado, convirtiéndola en la primera mujer en llegar al mayor honor en la disciplina.

12 DE ABRIL DE 1913 – 9 DE FEBRERO DE 2013
JAPÓN → ESTADOS UNIDOS DE AMÉRICA

SÉ FUERTE, SÉ AMABLE,
SÉ HERMOSA.
KEIKO FUKUDA

LASKARINA «BUBULINA» PINOTSIS

COMANDANTE NAVAL

Había una vez una niña llamada Laskarina que nació para ser rebelde. Su padre, capitán naval griego, fue enviado a la cárcel por ayudar a planear una rebelión contra los otomanos que gobernaban Grecia en ese tiempo. La niña nació en una prisión del Imperio otomano, en un país que ahora se llama Turquía, durante una de las visitas de su madre a su padre. Sería la primera vez que tomaría por sorpresa a los demás, pero no la última.

Después de morir su primer marido, se casó con un rico comerciante que comandaba muchos barcos y, cuando él también murió, Laskarina quedó a cargo de sus naves y su negocio, y compró nuevos barcos. Al más grande le puso por nombre Agamenón, en honor al rey de la mitología griega.

Con su flota, se integró a una organización secreta que buscaba terminar con el dominio otomano. Era la única mujer en la corporación y usó su propio dinero para comprar armas y pagarles a los soldados que lucharían bajo su mando para liberar a Grecia. Cuando al fin llegó el día del levantamiento, navegó como comandante y se unió al combate, dirigiendo sus naves para que acudieran a donde fuera que más la necesitaran sus compañeros.

Bajo sus órdenes, sus barcos impidieron que las provisiones llegaran a sus enemigos, y sus soldados capturaron fortalezas y evitaron la destrucción de los pueblos griegos. También salvaron la vida de personas inocentes.

Murió en 1825, unos cuantos años antes de que su sueño de una Grecia libre se volviera realidad.

CIRCA MAYO DE 1771 – 22 DE MAYO DE 1825
TURQUÍA → GRECIA

ILUSTRACIÓN DE
ALICE PIAGGIO

¡AVANCEN!
LASKARINA «BUBULINA»
PINOTSIS

LINA BO BARDI

· · · · · · · · · · · · ·

ARQUITECTA

Había una vez una niña a la que le encantaba dibujar casas, pero no quería que sus dibujos quedaran solo en el papel, sino que deseaba que cobraran vida. Cuando Achillina Bo (conocida como Lina) le dijo a su padre que quería ser arquitecta, él dudó porque muy pocas mujeres elegían esa carrera. Aun así, Lina se empeñó en asistir a la escuela de arquitectura.

Abrió su propio estudio en Milán cuando tenía veintiocho años, pero con el estallido de la Segunda Guerra Mundial por toda Europa, su negocio iba lento. Más tarde, un bombardeo destruyó su estudio, que nunca se reconstruyó. Tiempo después, Lina abandonó Italia con su nuevo esposo, el crítico de arte Pietro Bardi. En 1947 le pidieron a Pietro que creara un museo de arte en Sao Paulo, Brasil. Luego de llegar a Sudamérica, Lina reabrió su estudio y realizó uno de sus primeros proyectos brasileños: su casa.

Le llamó la Casa de Vidro (Casa de Vidrio). Parecía un invernadero que pendía de las copas de los árboles de un bosque pluvial y fue un buen ensayo para su siguiente gran proyecto: el nuevo museo de arte de Sao Paulo. El Museo de Arte de Sao Paulo también es un edificio moderno. Semeja una caja de cristal suspendida en el aire y se considera una de sus obras más importantes. Tal vez por ser extranjera, su obra arquitectónica quedó eclipsada por el trabajo de los arquitectos hombres nacidos en Brasil, pero ahora se le considera una de las mejores, y menos reconocidas, arquitectas del siglo xx.

5 DE DICIEMBRE DE 1914 – 20 DE MARZO DE 1992
ITALIA → BRASIL

ILUSTRACIÓN DE
ABELLE HAYFORD

SOY CURIOSA Y
ESA CUALIDAD
AMPLÍA MIS
HORIZONTES.
LINA BO BARDI

LISA STHALEKAR

CAMPEONA Y COMENTARISTA DE CRÍQUET

Había una vez una niña que fue acogida por una amorosa familia que apoyó sus sueños. Lisa pasó sus primeras tres semanas de vida en un orfanato en India al que llegó una familia integrada por un hombre, una mujer y una niña. En cuanto vieron a Lisa, supieron que tendría que ser su hija y hermana, así que la adoptaron y la llevaron a su hogar en Michigan.

La familia se fue a Kenia y luego a Australia, cuando Lisa tenía cuatro años. Desde el principio, la niña empezó a parecerse a su padre; compartían el amor por coleccionar timbres postales, la música clásica y, más importante, el críquet. Su padre también era indio y el críquet era el deporte más popular de su país.

Mientras crecía, Lisa pasaba mucho tiempo jugando en el jardín, en general con los varones. No sabía que las mujeres jugaban críquet hasta que su padre la llevó a ver un partido femenil, y no pasó mucho tiempo antes de que se convirtiera en jugadora profesional. A los dieciocho años entró a la Liga Nacional de Críquet Femenil. Después llegó a ser una de las principales jugadoras en Australia y jugó para dos de los equipos ganadores de la copa mundial.

En 2013 se retiró y se volvió comentarista de críquet. También empezó a usar su influencia para convencer a la gente de que adoptara, para que otros niños tuvieran las mismas oportunidades que ella. «Mi historia es realmente positiva», dijo. «Los chicos merecen tener hogares permanentes, amorosos y seguros».

NACIÓ EL 13 DE AGOSTO DE 1979
INDIA → ESTADOS UNIDOS DE AMÉRICA, KENIA Y AUSTRALIA

EL DEPORTE TIENE UNA CAPACIDAD
ÚNICA PARA UNIR CULTURAS
DIFERENTES.
LISA STHALEKAR

ILUSTRACIÓN DE
KARINA COCQ

LIZ CLAIBORNE

DISEÑADORA DE MODAS Y CEO

Anne Elisabeth Claiborne nació en Bélgica, hija de padres estadounidenses. Su padre no creía que fuera importante que se graduara de la escuela, así que Liz tomó clases de pintura. Cuando su familia regresó a Estados Unidos en 1939, ella estaba en camino a convertirse en pintora profesional.

Liz empezó a soñar con ser diseñadora de modas después de dibujar un boceto de un abrigo de cuello alto que ganó un concurso. Con cincuenta dólares en el bolsillo, se fue a Nueva York y empezó a laborar como dibujante para un diseñador de ropa femenina. Durante los casi veinte años siguientes trabajó tras bambalinas en la industria de la moda.

Pero no quería ser como los otros diseñadores y, en lugar de crear ropa glamorosa para las boutiques de lujo, deseaba diseñar estilos económicos para la vida diaria. La mayoría de la ropa de vestir femenina era un poco aburrida y Liz pensó que debía ser posible que las mujeres se vieran elegantes y profesionales, sin dejar de sentirse cómodas.

Lanzó su línea de ropa en 1976 y, para el final de esa década, las mujeres llevaban sus diseños imaginativos a todas partes. Su ropa combinable y de buen precio, salió volando de los anaqueles y en poco tiempo su compañía ganaba millones de dólares anuales. A la larga, su empresa se convirtió en una de las primeras compañías fundadas por una mujer en llegar al Fortune 500, una lista anual de las empresas financieramente más exitosas de Estados Unidos.

31 DE MARZO DE 1929 – 26 DE JUNIO DE 2007
BÉLGICA → ESTADOS UNIDOS DE AMÉRICA

ILUSTRACIÓN DE
GOSIA HERBA

QUERÍA VESTIR A LAS
MUJERES OCUPADAS Y
ACTIVAS COMO YO; MUJERES
QUE SE VISTEN DE PRISA
Y QUE NO SON PERFECTAS.
LIZ CLAIBORNE

LORELLA PRAELI

ACTIVISTA

Había una vez una niña que soñaba con volverse **ciudadana** estadounidense y ayudar a que otros también lo consiguieran. Lorella tenía dos años cuando visitó por primera vez Estados Unidos. Cuando vivía en Perú, la atropelló un coche y perdió una pierna, por lo que sus padres la llevaron a un hospital especial en Estados Unidos. «Mis padres estaban decididos a que alcanzara todo mi potencial y que mi discapacidad no me limitara», diría luego.

Sus padres viajaron tantas veces con ella a ese hospital que, para cuando cumplió diez años, la familia se mudó a Connecticut. Cuando llenó una solicitud para ingresar en la universidad, Lorella descubrió que ella y su familia eran inmigrantes **indocumentados**; eso significaba que no tenían la misma protección y oportunidades que los ciudadanos legales, así que le preocupaba que los obligaran a irse del país.

En la universidad se enteró de United We Dream (Unidos Soñamos), una red de jóvenes que trabajan a favor de los derechos de los inmigrantes. Se reunió con indocumentados que temían por su situación y eso le infundió valor. Se desempeñó como voluntaria en la organización hasta llegar a convertirse en su directora de Defensoría y Políticas y después trabajó para campañas políticas.

Ha dedicado su vida a la reforma migratoria y, a lo largo de ese tiempo, ha compartido su historia y desafiado a los políticos a emprender acciones. Le dieron la ciudadanía en 2015, pero su labor no ha terminado. «Me siento todavía más comprometida con la lucha», asegura.

NACIÓ EL 18 DE AGOSTO DE 1988
PERÚ → ESTADOS UNIDOS DE AMÉRICA

YA NO PUEDO
SIMPLEMENTE
QUEDARME SENTADA
ESPERANDO QUE
ALGO PASE.
LORELLA PRAELI

ILUSTRACIÓN DE
JEANNE DETALLANTE

LUPE GONZALO

Cada kilómetro de su largo y difícil viaje de Guatemala a Estados Unidos, Lupe pensaba en los hijos que había dejado en casa. Los extrañaba mucho, pero esperaba que el dinero que ganaría como trabajadora migrante les daría una mejor vida.

Encontró empleo cosechando frutas y verduras en Immokalee, Florida, donde pasaba horas cargando pesadas canastas de tomates y pimientos a temperaturas superiores a los 37°C. Pero a pesar de llenar canastas todo el día, apenas ganaba para pagar la comida y una cama en un tráiler repleto de gente.

Sin embargo, la forma en que la trataban a ella y a sus compañeras era aún peor que su trabajo, ya que a veces los patrones se negaban a darles su sueldo y las tocaban de modos que las hacían sentirse enojadas, temerosas e incómodas. Por añadidura, les decían cosas horribles y abusaban de ellas. Lupe sabía que ella y sus compañeras merecían un trato respetuoso, y un día decidió que ya no se quedaría callada.

Entró a un grupo llamado Coalition of Immokalee Workers (Coalición de Trabajadoras de Immokalee) y ayudó a formar un proyecto conocido como el Fair Food Program (Programa de Alimentos Justos), el cual pedía a las tiendas y restaurantes que solo compraran alimentos de granjas que dieran pago justo a sus trabajadores y que les proporcionaran condiciones laborales seguras y sanas. Gracias a Lupe y a sus compañeras organizadoras, algunas de las principales empresas de alimentos del mundo se comprometieron con el Fair Food Program, y eso mejoró la vida de incontables trabajadoras.

CIRCA 1980

GUATEMALA → ESTADOS UNIDOS DE AMÉRICA

SOMOS SERES HUMANOS, SOMOS MUJERES, Y NADIE VA A SEGUIR PISOTEANDO NUESTRA DIGNIDAD.
LUPE GONZALO

ILUSTRACIÓN DE
SALLY CAULWELL

LUPITA AMONDI NYONG'O

ACTRIZ

Lupita Nyong'o ya era adulta cuando tuvo el valor de admitir que quería ser actriz. Se graduó de la universidad y tenía un trabajo corporativo, pero lo abandonó para regresar a Kenia a buscar otras oportunidades y planear su futuro. Casi seis años después, Lupita ganó su primer Óscar.

Sus padres habían dejado su casa en Kenia por razones políticas, así que Lupita nació en México y recibió un nombre en español. Su familia regresó a Kenia cuando ella tenía cerca de un año, pero Lupita nunca olvidó el país donde nació, y en la adolescencia vivió unos meses en México para aprender español. Hoy tiene las ciudadanías keniana y mexicana, y habla cuatro idiomas: luo, español, inglés y suajili.

Fue una estrella desde el principio de su carrera como actriz. La nominaron al Globo de Oro y ganó un Óscar por su primer papel principal, además de estelarizar muchas películas desde entonces.

Pero no todo su trabajo ocurre en Hollywood: también usa su influencia para llamar la atención hacia temas importantes para ella. Escribió un libro infantil sobre una pequeña keniana llamada Sulwe y que tiene la piel más oscura que el resto de su familia. Como Lupita, Sulwe aprende a ver su propia belleza y a aceptarse por ser quien es.

NACIÓ EL 1 DE MARZO DE 1983

MÉXICO → KENIA Y ESTADOS UNIDOS DE AMÉRICA

ILUSTRACIÓN DE
MONICA AHANONU

SIN IMPORTAR DE DÓNDE VENGAS,
TUS SUEÑOS SON VÁLIDOS.
LUPITA AMONDI NYONG'O

MADELEINE ALBRIGHT

Cuando Madeleine era una niña, su familia abandonó su hogar en Checoslovaquia, ahora República Checa. Sus padres dijeron que fue por razones políticas, pero después de más de cincuenta años, descubrió la verdad: ellos eran judíos, y dejaron su país y se convirtieron al catolicismo para salvarse de los nazis. Luego de la Segunda Guerra Mundial, la familia de Madeleine regresó a su lugar de origen, pero no se quedaron por mucho tiempo. En 1948, la niña de once años cruzó el Atlántico en un gran barco para empezar una nueva vida en América.

Su padre fue **diplomático** en Europa, y en Estados Unidos enseñó Ciencias Políticas en una universidad. Madeleine compartía el entusiasmo de su padre por la política y los asuntos globales y, después de casarse con Joseph Albright y de tener tres hijas, obtuvo su doctorado en derecho público y gobierno.

Al cabo de muchos años de trabajar en la política, se convirtió en la primera mujer secretaria de Estado de Estados Unidos. Es experta en política internacional y defensora de los derechos humanos, pero también es famosa por algo sorprendente: su colección de broches, entre ellos una serpiente enroscada, un águila y un corazón, los cuales usa para comunicar sus pensamientos sin decir palabra. Los broches son una forma de iniciar una conversación o hacer que la gente sonría. Cuando se le ha preguntado sobre su accesorio diplomático favorito, ella ha respondido: «Para resolver muchos problemas complejos, sirve tener un poco de buen humor».

NACIÓ EL 15 DE MAYO DE 1937
REPÚBLICA CHECA → ESTADOS UNIDOS DE AMÉRICA

ME LLEVÓ MUCHO TIEMPO
ENCONTRAR MI PROPIA VOZ Y,
AHORA QUE LA TENGO, NO ME
QUEDARÉ CALLADA.
MADELEINE ALBRIGHT

MALIKA OUFKIR

ESCRITORA

Había una vez una niña que vivía entre la realeza. El padre de Malika era uno de los consejeros más cercanos del rey Hassan II de Marruecos y ella pasó gran parte de su infancia paseando por los grandes salones de los palacios del soberano.

Por desgracia, su vida de cuento de hadas se alteró cuando tenía diecinueve años y su padre trató de derrocar a Hassan II. El castigo de este consistió en matar al padre de Malika y enviarla a ella, junto con su madre y cinco hermanos y hermanas, a una prisión secreta en el desierto.

Durante catorce años estuvieron encerrados en prisiones aisladas, con poca comida y en condiciones terribles. Estaban separados, pero uno de sus hermanos logró formar una red secreta entre las celdas para comunicarse. Cuando los guardias no podían escucharlos, Malika entretenía a su familia con historias que inventaba para fortalecerlos y reconfortarlos.

Luego ocurrió el osado escape. Aunque estaba débil por la falta de alimento, ella y dos de sus hermanos lograron excavar un túnel con herramientas improvisadas, como una cuchara y la tapa de una lata de sardinas. Malika tenía miedo de que los atraparan, pero le asustaba más continuar en esa prisión. Cuando llegó el momento correcto, se arrastraron por el túnel y corrieron hacia la libertad.

Finalmente, Malika se fue a Francia y decidió escribir la historia de lo que le pasó a su familia. Debido a que habló de su experiencia, los lectores de todo el mundo pudieron entender lo que soportaban los presos políticos en Marruecos y el esfuerzo que significa para ellos sobrevivir.

NACIÓ EL 2 DE ABRIL DE 1953
MARRUECOS → FRANCIA

SIN IMPORTAR LO PODEROSO NI
LO INTOCABLE QUE FUERA EL
REY... UNA MUJER DESARMADA
Y SIN NINGÚN PODER PUDO
DERROTARLO.
MALIKA OUFKIR

MARCELA CONTRERAS

Había una vez una joven llamada Marcela que quería ser doctora como su padre. Ingresó en la Universidad de Chile, donde se interesó en algo que todos en la tierra tenemos en común: la sangre.

Se graduó con honores después de cursar la carrera de hematología, que es el estudio de la sangre, e inmunología, que es el estudio de cómo se defienden los organismos contra las enfermedades.

En 1972, Marcela obtuvo una beca para estudiar en el Reino Unido, y como a la gente le preocupaba la inestabilidad del gobierno de Chile, ella y su marido decidieron mudarse a Londres con sus dos hijos.

En esa época, los bancos de sangre en el Reino Unido no estaban conectados entre sí, lo cual dificultaba enviar donaciones a donde se necesitaran. Si conseguían tener un solo sistema para todo el país, eso salvaría incontables vidas, así que le pidieron a Marcela que se ocupara de ese proyecto especial.

El liderazgo de Marcela logró que la sangre donada siempre estuviera disponible para la gente que la requiriera tras una cirugía, enfermedad o accidente, sin importar dónde viviera.

Con base en el éxito de su sistema en el Reino Unido, Marcela llegó a dirigir una organización que se esforzó por garantizar que hubiera una provisión suficiente de sangre segura en países de todo el mundo, incluyendo su nativo Chile.

NACIÓ EL 4 DE ENERO DE 1942
CHILE → REINO UNIDO

ILUSTRACIÓN DE
KARINA COCQ

TODO ES POSIBLE EN ESTA VIDA.
ES CUESTIÓN DE ESFUERZO Y
DETERMINACIÓN. NUNCA DEBERÍAS
SENTIRTE MENOS QUE NADIE POR
ESTAR TAN LEJOS EN EL MUNDO.
MARCELA CONTRERAS

MARÍA GOEPPERT MAYER

· · · · · · · · · · · · · · · ·

FÍSICA TEÓRICA

María estaba destinada a ser profesora, igual que su padre y su abuelo, ¡y como tantos otros en generaciones anteriores de su familia! Pero como sus **ancestros** fueron hombres, su camino sería un poco diferente.

Su especialidad era la física. Se casó con un físico estadounidense llamado Joseph y se mudaron a Estados Unidos cuando él obtuvo un empleo en la Universidad Johns Hopkins. Sin embargo, aunque María estaba calificada, la universidad se negó a contratarla como profesora. Era la época de la Depresión, cuando había pocos empleos en Estados Unidos y la gente pensaba que los hombres eran más merecedores de los trabajos que las mujeres.

Pero ella no estaba dispuesta a abandonar su labor. Se dedicó a la investigación en una oficina vacía dentro del campus, y publicó artículos y un libro científico sin que se le diera un sueldo ni un cargo. Hizo lo mismo en la Universidad de Columbia cuando su marido trabajó allí, y cuando Joseph encontró empleo en la Universidad de Chicago, le dijeron a María que también podría trabajar como profesora, ¡siempre y cuando no tuvieran que pagarle!

Todo ese tiempo siguió con su importante trabajo en la ciencia, incluyendo la física nuclear. Al lado de sus compañeros investigadores averiguó por qué algunos átomos son más estables que otros. Ese fue un enorme avance, y en 1963 ganó el Premio Nobel por sus descubrimientos. Fue la segunda mujer después de Marie Curie en obtener el premio en el campo de la física.

· ·

28 DE JUNIO DE 1906 – 20 DE FEBRERO DE 1972

POLONIA → ESTADOS UNIDOS DE AMÉRICA

GANAR EL PREMIO NO FUE NI LA
MITAD DE EMOCIONANTE QUE
HACER EL TRABAJO EN SÍ.
MARÍA GOEPPERT MAYER

MARJANE SATRAPI

NOVELISTA GRÁFICA

Había una vez una niña que utilizó su arte para rebelarse contra un gobierno injusto. Cuando Marjane era pequeña sucedieron grandes problemas en Irán que empezaron con una **revolución** y una guerra con Irak. Al principio, algunos pensaron que la revolución sería buena y hubo importantes celebraciones en las calles.

La familia de Marjane era musulmana, como los nuevos líderes del gobierno, pero no coincidían con su política. Luego de la revolución, Irán tenía un estricto gobierno religioso y, cada vez que creaban una nueva regla, la joven la desobedecía. Cuando decían que todas las mujeres debían usar velo, ella lucía su cabello. Cuando creaban una nueva disposición de vestimenta, ella se ponía prendas prohibidas, como tenis y una chamarra de mezclilla. Cuando prohibían cierta música, ella compraba casetes en secreto. Y cuando sus maestros elogiaban a los líderes, ella hacía preguntas valientes.

Sus padres estaban orgullosos, pero también tenían miedo porque podían mandarla a la cárcel por su conducta. Tiempo después la enviaron a un internado en Austria, donde estaría más segura.

Luego de la preparatoria se fue a Francia a estudiar arte. Como siempre le encantaron los cómics, creó los suyos y con simples dibujos en blanco y negro contó la historia de su niñez en Irán. Una editorial compró su novela gráfica, titulada *Persépolis*, que se volvió un éxito internacional, y luego ella ayudó a convertir su libro en una película que fue nominada al Óscar. Desde que se estableció en Francia sigue usando el arte para narrar historias sobre el hogar que dejó atrás.

NACIÓ EL 22 DE NOVIEMBRE DE 1969
IRÁN → FRANCIA

UNO NO NACE VALIENTE.
SE VUELVE VALIENTE.
MARJANE SATRAPI

ILUSTRACIÓN DE
ELENA DE SANTI

MARTA EMPINOTTI

SALTADORA BASE

Había una vez una niña que soñaba con volar. La primera vez que Marta practicó paracaidismo, apenas era una adolescente y se enamoró de la sensación de ingravidez y de planear sobre el mundo como las aves.

Su familia le enseñó a siempre ser independiente y a no atarse a nada, y aunque amaba a sus padres y a sus tres hermanas, el mundo ofrecía muchas cosas que ver, así que dejó su natal Brasil y se fue de viaje. Su primera parada fue en Estados Unidos, donde se practica mucho el paracaidismo y también otra cosa emocionante: el salto BASE. Entonces decidió quedarse para siempre en ese país.

En lugar de saltar de un avión, quienes practican salto BASE usan paracaídas para lanzarse de sitios muy altos, como puentes, precipicios o edificios. Puede ser un deporte muy peligroso, pero Marta siempre se aseguró de estar amarrada profesionalmente a su paracaídas. Le encantaba la sensación de saltar más que ninguna otra cosa en el mundo.

Ha saltado más de mil seiscientas veces y es una de las atletas más respetadas en esa disciplina. Ha viajado por el mundo para buscar nuevas aventuras y arrojarse de rascacielos en Malasia, cascadas en Venezuela y muchos lugares intermedios. El salto BASE le permitió ver el mundo de una forma totalmente nueva.

«Cuando estoy volando muy alto, quizá a más de 180 o 250 metros, la sensación es muy espiritual», comentó. «En el horizonte sale el sol y las nubes se pintan de rosa y amarillo. Es tan pacífico; es como el paraíso... Tan solo somos la naturaleza y yo, y luego salto y siento la emoción, y cuando aterrizo, vuelvo a ver el amanecer. ¿Cuántas personas ven el amanecer dos veces en un día?».

NACIÓ EL 18 DE DICIEMBRE DE 1964
BRASIL → ESTADOS UNIDOS DE AMÉRICA

TIENES QUE ELEGIR LO QUE TE HAGA FELIZ, Y ESA DECISIÓN QUIZÁ NO SEA FÁCIL, PERO DEFINITIVAMENTE ES LA CORRECTA.
MARTA EMPINOTTI

ILUSTRACIÓN DE SARAH LOULENDO

MERLENE JOYCE OTTEY

VELOCISTA

Había una vez una niña tan rápida como el viento. Se llamaba Merlene, vivía en Jamaica e iba corriendo a todas partes. Su familia no tenía mucho dinero y con frecuencia ella tenía que correr descalza cuando competía con sus compañeros de escuela. A pesar de eso, avanzaba más rápido que casi todos los demás y a veces, cuando cruzaba la meta, ¡le sorprendía ver cuántos participantes seguían en la pista tratando de terminar la carrera!

Cuando tenía dieciséis años, escuchó que un jamaiquino había ganado la medalla de oro en la carrera de doscientos metros planos en los Juegos Olímpicos y se preguntó qué tan lejos la llevaría dedicarse a correr.

Cuatro años después le tocó su turno en Moscú, Rusia, y llevó a casa la medalla de bronce en la carrera femenil de doscientos metros; esa fue la primera presea olímpica ganada por una mujer caribeña.

Después de eso, Merlene compitió seis veces en las Olimpiadas, más que ningún otro atleta, y ganó ocho medallas olímpicas adicionales.

A una edad en que muchos corredores se retiran, ella se mudó a Eslovenia y decidió competir en representación de su nuevo país. En 2004 corrió en su séptima Olimpiada y llegó a semifinales contra corredoras a las que les doblaba la edad.

En 2014, Merlene se mudó de nuevo, esta vez a Suiza. Sigue teniendo el récord mundial en carreras de doscientos metros para mujeres en pista cubierta.

ILUSTRACIÓN DE
LUISA RIVERA

AMO CORRER Y, CUANDO AMAS
ALGO, PUEDES SOPORTAR
TODA LA TORTURA.
MERLENE JOYCE OTTEY

MIN JIN LEE

ESCRITORA

Min volteó nerviosa a su salón de clases en la ciudad de Nueva York. Era 1976 y, con apenas siete años, acababa de llegar de Corea del Sur con sus hermanas y padres. Alrededor había niños que parloteaban en inglés, un idioma que no conocía, y cuando trataba de decir nuevas palabras, sus compañeros se reían de ella. Eso la hacía sentir muy mal, por lo que no hablaba con frecuencia.

En la adolescencia viajaba dos horas diarias en tren a su preparatoria y, aunque el trayecto era largo, nunca se sentía sola. Le encantaba leer y siempre llevaba un libro en sus viajes. Mientras los trenes corrían sobre puentes y debajo de las calles de todo Nueva York, ella se sumergía en nuevos mundos y personajes.

Min estudió derecho y se volvió abogada, pero nunca dejó de creer en el poder de la narrativa. Quería ser escritora y contar las historias que derivaban de su propia vida y de las de aquellos que la rodeaban; de personas que habían salido de su lugar de origen para establecerse en países de todo el mundo, donde formaban una nueva vida en sociedades que a menudo los ignoraban o menospreciaban sus experiencias.

Su primera novela, *Free Food for Millionaires* (*Comida gratis para millonarios*), se publicó en 2007. Luego Min se mudó cuatro años a Tokio para escribir una novela épica sobre una familia coreana que vivía en Japón y la tituló *Pachinko*. Cuando se publicó, en 2017, se le otorgó el reconocimiento como finalista del Premio Nacional del Libro, ganó varios honores y la admiración de lectores de todo el mundo que se enamoraron de las historias y personajes creados por ella.

NACIÓ EL 11 DE NOVIEMBRE DE 1968
COREA DEL SUR → ESTADOS UNIDOS DE AMÉRICA

MI FAMILIA NUNCA VIAJÓ, PERO
HE LEÍDO TANTAS NOVELAS QUE,
EN MI MENTE, HE ESTADO EN
TODOS LADOS.
MIN JIN LEE

MIN MEHTA

CIRUJANA ORTOPÉDICA

Cuando Min tenía once años, muchos adultos le decían: «¡Siéntate derecha!». Hasta que un día, una amiga de la familia que era enfermera dijo algo que cambió su vida. Explicó que Min no podía enderezar la espalda porque tenía escoliosis: una curva en la columna vertebral.

Aunque Min nació en Irán, creció en India en la década de 1930, cuando no había muchos médicos capaces de ayudar a niños con escoliosis. Min quería cambiar la situación. Desde los seis años quiso ser doctora y, al terminar sus estudios de medicina en India, supo exactamente qué tipo de médico deseaba ser: cirujana.

Decidió mudarse al Reino Unido para proseguir su formación. Apenas había mujeres cirujanas en ese tiempo, así que, cuando le ofrecieron una entrevista en Londres, los otros médicos se asombraron al verla entrar porque pensaron que Min era un ¡nombre masculino!

Llegó a ser una de las cirujanas **ortopédicas** más respetadas del Reino Unido por sus estudios sobre escoliosis infantil. Se dio cuenta de que, en muchos casos, si cuando el niño es pequeño su espalda se coloca en la posición correcta por el tiempo suficiente, la curva adicional de la columna desaparece naturalmente con el crecimiento. Min enseñó a muchos cirujanos a usar un molde especial de yeso, que ahora se conoce como yeso de Mehta, para enderezar sin cirugía la columna de los niños.

En la actualidad, los médicos siguen usándolo para corregir la escoliosis infantil.

1 DE NOVIEMBRE DE 1926 – 23 DE AGOSTO DE 2017
IRÁN → INDIA Y REINO UNIDO

COMO LAS FLORES SILVESTRES... ALGUNOS SE DEFIENDEN DE LA MADRE NATURALEZA Y CRECEN ERGUIDOS, MIENTRAS QUE OTROS NECESITAN DE UNA PEQUEÑA GUÍA AL PRINCIPIO.
MIN MEHTA

MUZOON ALMELLEHAN

Había una vez una niña que amaba tanto aprender que ni siquiera una guerra pudo impedir que tuviera una educación. Muzoon llevaba una vida cómoda y feliz en Siria, rodeada de su amorosa familia y de vecinos amigables, además de que era una estudiante aplicada que soñaba con viajar por el mundo como periodista.

Sin embargo, cuando tenía once años, una guerra dominó su país y sus padres tuvieron que huir. Muzoon pudo preparar únicamente una maleta que llenó con sus posesiones más preciadas: sus libros de texto. Su padre le dijo que empacara menos, pero ella insistió: «Estos libros son mi poder. Son mi futuro».

En los siguientes años, Muzoon y su familia vivieron en un campamento de **refugiados**, compartiendo una tienda de campaña sin electricidad. El lugar tenía escuelas, pero la joven descubrió que muchos chicos, en especial las mujeres, no asistían, así que recorrió el campamento y alentó a los padres a enviar a sus hijas a clases.

En 2015, ella y su familia se establecieron finalmente en Inglaterra, país que les dio la bienvenida y donde Muzoon encontró muchos amigos. Pese a ello, no podía olvidar a sus compañeros refugiados. En 2017 se convirtió en embajadora de buena voluntad de UNICEF, y fue la más joven en recibir ese nombramiento. Ahora que está en la universidad, continúa haciendo campaña por la educación de las mujeres, además de seguir recordando su país de origen. «Creo en los sirios, en especial en los niños», dijo. «Creo que tenemos la fortaleza suficiente para reconstruir el país».

CIRCA ABRIL DE 1998

SIRIA ➝ INGLATERRA

EN MEDIO DE LA OSCURIDAD,
EL APRENDIZAJE TE DA LUZ.
MUZOON ALMELLEHAN

ILUSTRACIÓN DE
MALIHA ABIDI

NADINE BURKE HARRIS

PEDIATRA

Había una vez una niña que quería ser pediatra para ayudar a que los niños estuvieran sanos. Con un padre científico y una madre enfermera, Nadine supo desde temprana edad que la ciencia podía ayudar a la gente.

Después de mudarse de Jamaica a California cuando era niña, a menudo se sintió fuera de lugar porque había pocos inmigrantes o niños de color en su escuela. Al principio hablaba inglés con un dialecto jamaiquino llamado patois, y eso dificultó que sus compañeros y maestros la entendieran, pero tales retos no le impidieron sobresalir.

Estudió medicina varios años y al final se especializó en pediatría. Abrió una clínica pediátrica en uno de los barrios más pobres y desprotegidos de San Francisco, y con el tiempo notó que sus pacientes más enfermos tenían algo en común: sufrían mucho estrés y problemas en la vida. En lugar de solo tratar los síntomas de sus pequeños enfermos, Nadine quería tratar la causa, así que creó una organización para investigar los traumas en la infancia. «Me sentí inspirada a asegurarme de que todos los niños tuvieran las mismas oportunidades de crecer sanos», dijo.

En 2019 le pidieron ser la primera cirujana directora de salud de California, que es la autoridad en políticas públicas de salud y vocera en temas médicos. En su nuevo puesto siguió ayudando a los niños que sufren estrés tóxico. Según Nadine, mientras más pronto los médicos entiendan los problemas de sus pacientes, más pronto podrán curarlos.

NACIÓ EL 9 DE OCTUBRE DE 1975

JAMAICA → ESTADOS UNIDOS DE AMÉRICA

PREFERIRÍA FRACASAR
INTENTANDO HACER ALGO
BUENO EN EL MUNDO QUE
TENER ÉXITO SIN HACER
ALGO POR LOS DEMÁS.
NADINE BURKE HARRIS

NAMI Y REN HAYAKAWA

ARQUERAS

Nami se paró firme con la fuerza de una estatua y con la cuerda del arco bien estirada. Con un sonido susurrante, soltó la flecha que voló por el aire y se insertó justo en el centro de la diana. Otro tiro perfecto.

Ella no era la única chica de Corea del Sur a la que le encantaba el tiro con arco. Cada cuatro años, el país miraba fascinado las competencias olímpicas de su equipo nacional, que era el mejor del mundo, y cómo se llevaba la mayoría de las medallas de oro.

Ren, la hermana de Nami, también empezó a practicar el deporte después de ver a su hermana. Años antes, su madre se había mudado a Japón y finalmente ambas chicas la siguieron.

En 2008 Nami compitió por Japón en las Olimpiadas de Pekín, pero perdió en los cuartos de final. Ren fue a la universidad en ese país gracias a una beca deportiva, pero no creía tener la capacidad suficiente para competir en las Olimpiadas; sin embargo, su hermana la alentó a hacer el intento. En las pruebas no solo le fue bien, ¡sino que obtuvo un sitio en el equipo!

En las Olimpiadas de Londres en 2012, un reportero le preguntó a Ren cuál era su meta para la competencia y su respuesta fue: «Quiero dar todo lo que tengo para que, al terminar, pueda mirar atrás y sentirme satisfecha conmigo misma». Eso fue lo que hizo. Junto con sus compañeras, ganó una medalla de bronce en la competencia por equipos y esa fue la primera medalla que Japón obtuvo por tiro con arco en la rama femenil.

NAMI: 6 DE OCTUBRE DE 1984 • REN: 24 DE AGOSTO DE 1987

COREA DEL SUR → JAPÓN

COMO GANAMOS UNA MEDALLA
EN LOS JUEGOS OLÍMPICOS,
ESPERO QUE ESO VUELVA MÁS
POPULAR EL TIRO CON ARCO
ENTRE LOS NIÑOS DE JAPÓN.
REN HAYAKAWA

NIKI YANG

ANIMADORA Y ACTRIZ DE VOZ

Había una vez una niña que quería compartir su imaginación desbocada con todos. Niki creció en Corea del Sur, donde estudió, practicó violín y aprendió a llevar un hogar, pero encontró un mundo nuevo cuando descubrió los cómics. Las ilustraciones coloridas y las historias le encantaron, así que decidió crear sus propios personajes y universos.

No obstante, su familia tradicional tenía otros planes: su madre quería que se casara con un médico o un abogado, y nadie esperaba que una chica como ella tuviera su propia carrera. Pero eso fue justo lo que Niki hizo. Un día se mudó a Estados Unidos para estudiar animación en el Instituto de Artes de California, luego trabajó con algunos estudios de animación y se volvió dibujante de guiones gráficos y escritora. Los programas animados que ayudó a crear fueron muy populares y le abrieron nuevas puertas en su carrera.

Uno de los mayores retos en sus primeros años en Estados Unidos fue aprender inglés, pero su acento y su lengua materna le dieron una oportunidad inesperada. Uno de sus amigos estaba desarrollando una serie animada llamada *Hora de aventura* y necesitaba una actriz que hablara coreano. Niki audicionó y ¡la contrataron! Y, después, también la contrataron para hacer un personaje que hablaba inglés.

Sigue trabajando como animadora y actriz de voz, además de diversificarse a otras áreas del cine. Luego de años de colaborar en otros programas exitosos, empezó a desarrollar un piloto de su propia serie animada.

NACIÓ EL 19 DE SEPTIEMBRE DE 1982

COREA DEL SUR → ESTADOS UNIDOS DE AMÉRICA

¡NO OLVIDES DIVERTIRTE EN LO QUE HAGAS! DE ALLÍ ES DE DONDE SALE LA VERDADERA CREATIVIDAD.
NIKI YANG

NOOR INAYAT KHAN ✳

ESPÍA

Había una vez una niña llamada Noor cuya madre era una poeta estadounidense, y su padre, un músico y príncipe indio que creía en la tolerancia y la no violencia. Su familia se mudaba con frecuencia y viajaron de Moscú a Londres y a París, hasta que su padre murió en forma inesperada. Aunque Noor solo tenía trece años, cuidó de sus hermanos, su hermana y su madre desconsolada.

Cuando empezó la Segunda Guerra Mundial en Europa, se convirtió en operadora de radio. Como hablaba francés, el gobierno británico la eligió para integrarla a un grupo especial de espías en Francia que enviaban mensajes secretos entre los agentes británicos y galos. Algunos de sus jefes no sabían cómo manejaría el trabajo porque tenía un carácter ingenuo, pero debajo de ese aspecto dulce había un espíritu valeroso.

Como espía, fingía ser una enfermera infantil llamada Jeanne-Marie. En realidad, era una de las agentes más avispadas y hábiles de la **Resistencia**. Cuando descubrían y arrestaban a otros miembros en su red, ella tomaba su lugar, e incluso llegó a hacer el trabajo de seis operadores al mismo tiempo.

A la larga, los nazis la capturaron y asesinaron. Su última palabra fue «Liberté»: libertad. Luego de su muerte, los británicos le concedieron la Cruz de Jorge y los franceses le otorgaron la Cruz de Guerra, que son las mayores condecoraciones por valentía demostrada en actos no relacionados con combate.

✳ 1 DE ENERO DE 1914 – 13 DE SEPTIEMBRE DE 1944
RUSIA → INGLATERRA Y FRANCIA

EL CAMINO AL CORAZÓN ES
ESPINOSO, PERO AL FINAL LLEVA
A LA FELICIDAD.
NOOR INAYAT KHAN

ILUSTRACIÓN DE
YEVHENIA HAIDAMAKA

OLGA KÓRBUT

GIMNASTA

Había una vez una niña que pasó de ser una adolescente desconocida a convertirse en superestrella de la gimnasia, aparentemente de la noche a la mañana. Cuando Olga estaba en segundo de primaria, un entrenador visitó su clase y preguntó si a alguien le interesaba la gimnasia. Como el deporte le recordaba las acrobacias del circo, la chica se emocionó con la idea de aprenderlo.

Luego de sus primeras lecciones, empezó a entrenarse formalmente y para 1972 ¡obtuvo un sitio en el equipo olímpico soviético! Era una de las integrantes más jóvenes y de menor estatura, pero en las Olimpiadas de Múnich sorprendió a todos.

En general a las gimnastas se les conocía por su elegancia, pero Olga era diferente y cautivó a los jueces con habilidades técnicas y acrobacias que nunca habían visto; incluso un nuevo tipo de salto mortal hacia atrás recibió su nombre: el salto Kórbut. Olga también demostraba sus emociones. Lloraba al equivocarse y sonreía cuando hacía las cosas bien, y su audacia y personalidad entusiasta la volvieron favorita de los fanáticos.

En sus primeros Juegos Olímpicos ganó cuatro medallas: tres de oro y una de plata, y chicas de todo el mundo se inscribieron a clases de gimnasia y le escribieron cartas a su nueva heroína. Olga recibió tanto correo de sus fanáticos (veinte mil cartas en un año) que su pueblo contrató a un cartero solo para ella. En 1988 fue la primera persona en entrar al Salón Internacional de la Fama de la Gimnasia. Unos años después se mudó a Estados Unidos, donde ahora da clases a jóvenes atletas.

NACIÓ EL 16 DE MAYO DE 1955

BIELORRUSIA → ESTADOS UNIDOS DE AMÉRICA

NACÍ PARA PRACTICAR
GIMNASIA.
OLGA KÓRBUT

PAULA NEWBY-FRASER

TRIATLETA

Había una vez una niña que nadaba y corría muy bien. Aunque nació en Zimbabue, Paula y su familia se fueron a Sudáfrica cuando ella tenía cuatro años. Al cumplir veintidós se enteró de que habría un triatlón local, que es una competencia en la que los participantes nadan, andan en bicicleta y corren.

Paula practicaba dos de esos deportes, pero nunca había andado en bicicleta, así que se compró una, entró a la carrera ¡y ganó el evento femenil! Poco después se convirtió en la primera campeona de triatlón en Sudáfrica, por lo que decidió entrenarse como profesional y mudarse a Estados Unidos.

El mayor triatlón es el Campeonato Mundial Ironman, que se realiza en Kona, Hawái. Los competidores nadan 3.86 kilómetros, recorren 180 kilómetros en bicicleta y corren 42 kilómetros, uno después del otro.

Paula entró a la competencia en 1986 y fue la primera mujer en terminar en menos de diez horas, y en 1988 rompió el récord femenil. Ganó cinco de los seis campeonatos siguientes y la gente la llamaba «la Reina de Kona», pero en 1995, y a menos de dos kilómetros de llegar a la meta, su cuerpo no pudo más. Terminó en cuarto lugar y se sintió triste y decepcionada, pero decidió participar otra vez, solo que ahora entrenó de modo diferente a los demás atletas, además de que competiría solo para disfrutarlo. Así lo hizo ¡y obtuvo su octavo campeonato!

Ganó más Ironman que ningún otro triatleta y el récord que impuso en 1992 se mantuvo durante diecisiete años.

NACIÓ EL 2 DE JUNIO DE 1962

ZIMBABUE → SUDÁFRICA Y ESTADOS UNIDOS DE AMÉRICA

ILUSTRACIÓN DE
JEANNE DETALLANTE

PARA MÍ LA MAYOR LECCIÓN, COMO ATLETA Y EN EL ENTRENAMIENTO, ES NO SER CODICIOSO. DEBES SABER QUE TIENES QUE LEVANTARTE Y HACERLO DE NUEVO AL DÍA SIGUIENTE.
PAULA NEWBY-FRASER

PEARL TRAN Y THU GETKA

ODONTÓLOGAS

Thu tenía diecisiete años y Pearl casi doce cuando sus vidas cambiaron para siempre. La guerra entre su país, Vietnam del Sur, y el vecino Vietnam del Norte estaba por terminar, por lo que muchas personas, incluyendo sus familias, huyeron antes de arriesgarse a enfrentar la violencia.

Las dos familias se mudaron a Estados Unidos para rehacer su vida. La de Thu se estableció en Virginia, mientras que la de Pearl se fue a Georgia.

Aunque no se conocían, sus profesiones en Estados Unidos siguieron caminos muy parecidos. Ambas eran buenas estudiantes que sobresalieron en Ciencias y Biología. Thu fue a la escuela de odontología, en tanto que Pearl trató de estudiar medicina, pero no pudo tolerar el pesado horario y también cursó la carrera de odontología. Incluso eligieron la misma especialidad como periodoncistas, que son odontólogos expertos en el cuidado de las encías.

Pearl decidió trabajar para la Marina de Estados Unidos y le asignaron una residencia en el Centro Médico Naval de Bethesda, Maryland. Poco después de su llegada, otra periodoncista entró al centro para ser su mentora. ¡Se trataba de Thu! También ingresó a la Marina y, de hecho, fue la primera mujer vietnamita en ascender al rango de coronel.

Ambas se sorprendieron de lo similares que habían sido sus vidas. Salir de su hogar en Vietnam y volverse refugiadas fue una experiencia tremenda, pero Pearl y Thu formaron nuevas vidas y siguieron usando sus talentos para servir al país que adoptaron como propio.

PEARL TRAN: *CIRCA* 1963 • THU GETKA: *CIRCA* 1958
VIETNAM → ESTADOS UNIDOS DE AMÉRICA

DE NIÑA EN SAIGÓN,
NO ENTENDÍA MUCHAS
COSAS QUE ESTABAN
PASANDO ANTES DE MI
SALIDA DE VIETNAM.
PEARL TRAN

ILUSTRACIÓN DE
VALENCIA SPATES

PNINA TAMANO-SHATA

ABOGADA Y LEGISLADORA

Había una vez una niña judía llamada Pnina que nació en Etiopía. Sin embargo, como el gobierno de ese país dificultaba que familias como la suya practicaran su religión y además había una guerra civil y hambruna, ella y los suyos huyeron a un campo de **refugiados** en Sudán antes de migrar a Israel.

Aunque Pnina vivió en Israel desde los tres años, los niños en la escuela la molestaban. Sus padres encontraron empleo como encargados de la limpieza y trabajaron mucho para mantener a sus hijos, pero, como no hablaban hebreo, Pnina tenía que hablar en su nombre en la escuela, con los médicos y en la dependencia de trabajo social, así que entendía lo difícil que era la vida para las personas diferentes que no podían expresarse por sí mismas.

Cuando llegó a la universidad, encabezó protestas contra el **racismo** y manifestó sus opiniones con firmeza y claridad. Luego de graduarse, entró a trabajar como periodista televisiva y, cuando sus jefes le pidieron cubrir una protesta de israelíes etíopes, se dio cuenta de que no podía quedarse al margen. ¡Dejó su micrófono y se unió a los **manifestantes**!

Decidió convertirse en abogada para luchar contra la **discriminación** y en 2013 se volvió miembro del Knesset, que es el parlamento de Israel, con lo que se convirtió en la primera mujer de origen etíope en representar a su comunidad.

«Mis experiencias como etíope en Israel me prepararon bien para ayudar a otros», dijo. «Siento que tengo una responsabilidad con la sociedad israelí para mejorar la situación».

TENEMOS QUE ELEVAR
LA VOZ Y ESFORZARNOS
MUCHO, PERO NUNCA
OLVIDAR DE DÓNDE
VINIMOS.
PNINA TAMANO-SHATA

RAPELANG RABANA ✶

CIENTÍFICA INFORMÁTICA Y EMPRESARIA

Había una vez una niña que anhelaba recibir educación más que ninguna otra cosa, pero cuando era adolescente le preocupaba no poder presentar sus exámenes finales de preparatoria.

La familia de Rapelang se mudó de Botsuana a la vecina Sudáfrica y sus padres trabajaron mucho para enviarla a un internado, pero era muy costoso. Si no pagaban, no podría seguir estudiando. Enfrentada con esa dificultad, obtuvo una beca para su último año y pasó sus exámenes con honores.

Luego fue a la Universidad de Ciudad del Cabo, en África del Sur, y estudió informática. Le encantaba la manera en que la programación le permitía crear nuevas cosas a partir de su imaginación y, al graduarse, supo que no quería trabajar para una gran empresa que siempre le dijera lo que tenía que hacer. Quería seguir su propio camino.

Antes de que existiera la mayoría de los teléfonos inteligentes, ella y un amigo empezaron Yeigo, una compañía que permite que la gente hable por internet en lugar de usar las costosas líneas telefónicas. Tuvieron mucho éxito y eso hizo posible una comunicación personal más accesible.

Para su siguiente proyecto, la chica regresó a su amor por la educación y emprendió un negocio en línea, llamado Rekindle Learning, para ayudar a gente de todas las edades a tener mejores resultados en la escuela y el trabajo, sin importar su lugar de residencia.

Es una de las jóvenes empresarias más apasionadas. «Las oportunidades de ser quien quieras nunca han sido más accesibles para quienes persiguen sus sueños», dijo.

NACIÓ EL 5 DE NOVIEMBRE DE 1983

BOTSUANA ➜ SUDÁFRICA Y ESTADOS UNIDOS DE AMÉRICA

EL VERDADERO ÉXITO SE OBTIENE AL
TENER UN ESPACIO AUTÉNTICO Y SER
FIEL A TUS METAS Y ASPIRACIONES.
RAPELANG RABANA

ILUSTRACIÓN DE
MICHELLE D'URBANO

REYNA DUONG

. . . .

CHEF

Había una vez una niña que creía que se debe tratar con respeto a todos, sin importar sus capacidades. Antes de que Reyna cumpliera tres años, ella y su familia dejaron Vietnam y en calidad de refugiados se fueron a Estados Unidos, donde nació su hermanito Sang.

Sang nació con síndrome de Down y Reyna hizo su mayor esfuerzo por cuidarlo. Su infancia no fue fácil, pero los momentos más felices de la vida de Reyna ocurrían mientras ayudaba a su mamá en la cocina. Su madre cocinaba desde cero, e incluso hacía caldos que le llevaban dos días enteros de preparación.

Cuando sus padres murieron, Reyna se volvió guardiana de su hermano y, para que ambos estuvieran menos tristes, cocinaba los platillos familiares que les recordaban a su mamá. Su experiencia la inspiró a abrir una tienda de sándwiches en honor a su madre.

Llenó su menú de deliciosos bocadillos llamados *banh mi*, pero compartir buena comida no era su único propósito. También quería tener un negocio en el que ella y Sang pudieran trabajar juntos. Deseaba mostrarle a su comunidad que las personas con síndrome de Down merecen la oportunidad de trabajar igual que todos los demás.

Actualmente, Sang y muchas otras personas con capacidades diferentes laboran en el restaurante de Reyna y una vez por año, el Día Mundial del Síndrome de Down, el restaurante hace una gran fiesta que, para ella, es una celebración del hermano al que ama y de su esperanza de crear un mundo más hospitalario.

. . . .

NACIÓ EL 30 DE MAYO DE 1977

VIETNAM → ESTADOS UNIDOS DE AMÉRICA

ILUSTRACIÓN DE
STEPHANIE SINGLETON

CREAR VÍNCULOS MIENTRAS SE COMPARTEN
LOS ALIMENTOS ES UN LENGUAJE UNIVERSAL.
REYNA DUONG

RIHANNA

Había una vez una niña que quería que su música se oyera por todo el mundo. Cuando era adolescente, Rihanna audicionó para una disquera y los productores se impresionaron tanto que la invitaron a mudarse a Estados Unidos. Aunque amaba Barbados y a su familia, no tenía miedo de dejarlos. «Quería hacer lo que fuera necesario, aunque significara irme a Estados Unidos».

Poco después de su llegada, la disquera le ofreció un contrato y su carrera despegó. La radio pasaba sus canciones y los fanáticos hacían filas para verla en el escenario. Sin embargo, tardó en encontrar cómo expresarse. Rihanna cuenta que la **cultura** barbadense se considera que guardar silencio es muestra de educación, pero que su naturaleza callada parecía irrespetuosa en Estados Unidos. «Tienes la mejor intención y puedes dar una impresión diferente en otra cultura», dijo.

Esta cantante tiene la reputación de ser una artista y empresaria fiel a sus convicciones. Ha ganado nueve Premios Grammy y es una de las estrellas musicales más exitosas de todos los tiempos. Su éxito musical también le ha abierto otras puertas que nunca imaginó, incluyendo los negocios. En 2017 lanzó Fenty Beauty, una marca de cosméticos enfocada en la inclusión. Ella y su equipo pasaron dos años desarrollando maquillajes para una enorme variedad de tonos de piel y ahora tienen más de cuarenta matices. El énfasis de su empresa en la diversidad inspiró a otras marcas de cosméticos a imitarla. En 2019 creó su propia línea de ropa de lujo y ha dicho: «Lo que me mantiene viva y llena de pasión es ser creativa».

. . . .

NACIÓ EL 20 DE FEBRERO DE 1988

BARBADOS → ESTADOS UNIDOS DE AMÉRICA

LA MÚSICA ME LLEVÓ
A ESTAS FORMAS DE
EXPRESIÓN Y A LAS
COSAS QUE AMO
GENUINAMENTE.
RIHANNA

ILUSTRACIÓN DE
JESTENIA SOUTHERLAND

ROJA MAYA LIMBU Y SUJANA RANA

ORGANIZADORAS SINDICALES

Roja tenía alrededor de diecinueve años cuando salió de Nepal y se fue a Líbano. Era maestra, pero quería tener una mejor vida y estaba dispuesta a esforzarse mucho para lograrlo. Finalmente consiguió empleo ayudando a una anciana en su casa y durante más de cuatro años trabajó todos los días sin descansar uno solo.

Después de vivir varios años en Líbano, Roja conoció a Sujana, que también venía de Nepal y había laborado intensamente como trabajadora doméstica y sin tener muchos derechos. Ambas se habían sentido aisladas y temerosas en su labor y, al estar juntas, se dieron cuenta de que ya no estaban solas.

En Líbano había más de doscientas cincuenta mil inmigrantes que se desempeñaban como trabajadoras domésticas, niñeras y cuidadoras, y algunas sufrían abusos de sus patrones, quienes en ocasiones les robaban su dinero o las privaban de su tiempo libre y las mantenían encerradas.

Sujana y Roja querían cambiar la situación de las trabajadoras como ellas, así que decidieron formar un sindicato.

En Líbano había leyes que protegían a los trabajadores, pero no se aplicaban a los migrantes como ellas, y el gobierno no aprobó el sindicato. En 2016, tanto Sujana como Roja fueron arrestadas y obligadas a regresar a Nepal, pero la obra que empezaron continúa. En la actualidad, la gente en Líbano sigue luchando por un trato justo para las trabajadoras domésticas.

ROJA: 6 DE AGOSTO DE 1985 • SUJANA: 9 DE SEPTIEMBRE DE 1971

NEPAL → LÍBANO

DICEN QUE MI DELITO FUE AYUDAR A CHICAS QUE SON VÍCTIMAS. YO CREO QUE ES BUENO AYUDAR A LOS NECESITADOS Y ESO ES LO QUE HICE. SI ES UN DELITO, NO PUEDE HABER NADA MEJOR QUE ESO.
SUJANA RANA

ILUSTRACIÓN DE
ALINE ZALKO

ROSALIE ABELLA

Había una vez una niña llamada Rosalie que sabía lo importantes que eran las leyes para tratar a todos con el mismo respeto. Sus padres eran judíos polacos que sobrevivieron a la Segunda Guerra Mundial, y ella nació en Alemania, en un campamento de **personas desplazadas**.

Su familia se mudó a Canadá cuando Rosalie era niña, y aunque su padre había sido abogado en Alemania, no le permitieron practicar su profesión en Canadá porque no era **ciudadano**.

Apenas cuatro años después de que Rosalie obtuvo el título de abogada, le pidieron fungir como jueza en el tribunal de derecho familiar en Canadá. Fue la primera judía en alcanzar ese puesto y una de las más jóvenes de la historia de ese país. También fue la primera mujer en Canadá en volverse jueza ¡mientras estaba embarazada!

Todos los días veía personas que luchaban en un sistema que las trataba injustamente por su género, discapacidad o color de piel, de modo que siempre hizo su mejor esfuerzo por escuchar con mente abierta y ser justa en sus decisiones.

«Aprendí a ver el derecho desde la experiencia de la gente que se presentaba ante mí...», dijo posteriormente. «Ver la ley y la justicia desde su perspectiva me enseñó a ser jueza».

Hacia 1984 se le encomendó una labor muy importante: averiguar cómo hacer que los sitios de trabajo canadienses fueran más justos y equitativos con todos los empleados. Su informe se usó también en otros países para lograr el mismo propósito.

En 2004 se convirtió en la primera judía en fungir como jueza de la Suprema Corte de Canadá.

NACIÓ EL 1 DE JULIO DE 1946
ALEMANIA → CANADÁ

ILUSTRACIÓN DE
SASHA KOLESNIK

CUANDO ERES
INMIGRANTE, NUNCA
PIENSAS EN TÉRMINOS
DE MERECIMIENTO.
PIENSAS EN TÉRMINOS
DE OPORTUNIDADES
Y HACES TU MÁXIMO
ESFUERZO.
ROSALIE ABELLA

ROSE FORTUNE

EMPRESARIA Y OFICIAL DE POLICÍA

Hubo un tiempo en que la costera del pueblo de Annapolis Royal en Canadá era un sitio agitado. Había cajas y paquetes por todas partes, y los viajeros, marinos y pescadores trajinaban toda la noche. Algunas personas miraban el lugar y pensaban que era un caos, pero Rose vio una oportunidad.

Cuando nació, sus padres eran esclavos pero estaban decididos a que su hija fuera libre. Durante la Guerra de Independencia de Estados Unidos, los británicos le prometieron al padre de Rose que lo liberarían a él y a su familia si luchaba de su parte y ganaban, pero cuando los rebeldes triunfaron, ellos y otras muchas familias negras que apoyaron al bando vencido tuvieron que irse a Canadá.

A la larga, Rose buscó la forma de ganarse la vida en la costera.

Con una carretilla, empezó a subir y bajar equipaje y bienes de los barcos; así formó un negocio en el que su familia seguiría trabajando por más de cien años. Rose incluso iba directamente a la posada donde sus clientes se alojaban y se aseguraba de que no perdieran su barco. En una época sin despertadores o teléfonos, ¡eso era muy útil!

Conocía a todos en los muelles y se cercioraba de que la gente obedeciera las reglas. Con botas pesadas y un abrigo masculino sobre su vestido y delantal, patrullaba a pie la costera y corría a los alborotadores.

Ahora se le reconoce como la primera oficial de policía de Canadá.

13 DE MARZO DE 1774 – 20 DE FEBRERO DE 1864
ESTADOS UNIDOS DE AMÉRICA → CANADÁ

ILUSTRACIÓN DE
SABRENA KHADIJA

ROSELI OCAMPO-FRIEDMANN

MICROBIÓLOGA

Había una vez una niña filipina cautivada por las plantas que vivían en sitios raros: el musgo que crece al lado de los edificios, las flores que brotan en los balcones, las hierbas que salen de las grietas en las aceras. Esa niña se llamaba Roseli y asistió a la Universidad de Filipinas, donde obtuvo un título en botánica, que es el estudio de las plantas.

Fue a Israel para estudiar un posgrado en la Universidad Hebrea y allí conoció a Imre Friedmann, un científico que descubrió pequeñas algas azules verdosas que crecen en las piedras. Viven principalmente en los desiertos y en zonas difíciles de alcanzar, por lo que es muy complicado estudiarlas, pero Roseli las cultivó en el laboratorio y la gente empezó a bromear acerca de sus habilidades ¡como jardinera!

Roseli e Imre se casaron y se fueron a Estados Unidos. Viajaron por el mundo para buscar formas de vida que se desarrollaran en lugares muy fríos, calientes o secos, o poco comunes para otras plantas. Descubrieron microorganismos vivos pequeñísimos en las rocas de los desiertos de la Antártida y congelados en el suelo siberiano. Con su peculiar talento, Roseli tomó diminutas muestras de esos microbios y los cultivó en el laboratorio para que los científicos pudieran estudiarlos.

Después de que la NASA posó la sonda Viking en Marte en 1976, los científicos estudiaron las contribuciones de Roseli para aprender más sobre los tipos de vida que podrían existir en un planeta con un ambiente tan implacable.

23 DE NOVIEMBRE DE 1937 – 4 DE SEPTIEMBRE DE 2005
FILIPINAS → ESTADOS UNIDOS DE AMÉRICA

LOS VALLES SECOS SE CONSIDERAN COMO
EL ANÁLOGO TERRESTRE MÁS CERCANO AL
SUELO MARCIANO O A OTROS AMBIENTES
PLANETARIOS EXTRATERRESTRES.
ROSELI OCAMPO-FRIEDMANN

ILUSTRACIÓN DE
SALLY CAULWELL

SAMANTHA POWER

DIPLOMÁTICA

Samantha tenía nueve años y estaba nerviosa cuando se sentó en el pupitre de su nueva escuela en Estados Unidos. Miró su ropa y se sintió fuera de lugar con el suéter verde y la falda escocesa del uniforme de su escuela católica de Irlanda, así que se esforzó por encajar, practicando incluso un acento estadounidense y aprendiendo sobre beisbol.

Le daba miedo cómo la tratarían si pensaban que era diferente, pero mientras más vivía en su nuevo país, más se adaptaba. También vio algo que le encantó: en esa nación había todo tipo de gente que vivía en paz.

Cuando tenía veintidós años decidió ser periodista. Había una terrible guerra en Bosnia, un país del sudeste europeo, y fue allí para escribir sobre el sufrimiento de la gente. Le enojó que muchos países, incluido Estados Unidos, no hicieran más por detener la guerra y ayudar a la población, así que escribió un libro sobre cómo reacciona el mundo cuando las personas se matan entre sí por su religión u origen **étnico**. Ese libro la hizo ganar un Premio Pulitzer.

Años después, cuando Barack Obama fue presidente, recordó el libro de Samantha y le pidió ser **embajadora** de Estados Unidos en la Organización de las Naciones Unidas para ayudar a decidir cómo debería actuar el país ante el extranjero. Las decisiones eran difíciles, pero Samantha siempre trató de abogar por aquello que consideraba que haría del mundo un lugar mejor.

Hoy es profesora en la Universidad de Harvard, donde enseña las lecciones que aprendió como escritora y **diplomática**.

NACIÓ EL 21 DE SEPTIEMBRE DE 1970
IRLANDA → ESTADOS UNIDOS DE AMÉRICA

LA GENTE QUE SE PREOCUPA,
ACTÚA Y SE REHÚSA A DARSE
POR VENCIDA, QUIZÁ NO CAMBIE
EL MUNDO, PERO SÍ PUEDE
CAMBIAR MUCHOS MUNDOS
INDIVIDUALES
SAMANTHA POWER

SANDRA CAUFFMAN

INGENIERA ELECTRICISTA

Había una vez una niña que soñaba con trabajar para la NASA. Una noche de verano en Costa Rica, Sandra vio el primer alunizaje en el televisor de los vecinos. La sala estaba atestada, pero cuando la bota de Neil Armstrong tocó la superficie lunar, nadie dijo una palabra. Estaban demasiado asombrados. Sandra recuerda: «Esa noche fui a casa y miré la Luna tan lejana y supe que quería ser parte de esa aventura».

De inmediato le contó su sueño a su madre. Su familia era pobre y su madre mantenía sola a sus hijos, trabajando mucho en empleos difíciles, pero vio cómo se iluminaban los ojos de su hija y la alentó a esforzarse.

Y vaya que la niña se esforzó. Tuvo un desempeño excelente en la escuela y se inscribió en una universidad de Costa Rica. Quería estudiar ingeniería eléctrica, pero un maestro le dijo que eso no era «femenino», así que eligió ingeniería industrial. A mitad de la carrera su familia se mudó a Estados Unidos, donde pudo estudiar ingeniería eléctrica (y física) como siempre quiso, y obtuvo su título.

Unos años después logró su sueño de infancia: la NASA la contrató como ingeniera para trabajar en el diseño de satélites y exploración espacial, ¡incluyendo las misiones a Marte! «Acabo de lanzar un satélite a Marte», dijo Sandra en 2015. «Es increíble que una pequeña parte de mí y una pequeña parte de Costa Rica hayan viajado a Marte y ahora orbiten el planeta rojo».

NACIÓ EL 10 DE MAYO DE 1962

COSTA RICA → ESTADOS UNIDOS DE AMÉRICA

ILUSTRACIÓN DE
MAÏTÉ FRANCHI

CUANDO TENÍA SIETE AÑOS
QUERÍA IR A LA LUNA. Y MIRA
DÓNDE ESTOY AHORA. ME POSÉ
ENTRE LAS ESTRELLAS.
SANDRA CAUFFMAN

SARA MAZROUEI

GEÓLOGA PLANETARIA

Había una vez una niña iraní que quería trazar su propio camino, como lo hace un cometa en el cielo nocturno. Cuando Sara era pequeña, la asombraba el espacio exterior y leía sobre niñas valientes que no temían ser diferentes. Fue buen entrenamiento para lo que llegaría a pasar.

Cuando tenía trece años, se mudó con su familia a Canadá para que ella y sus hermanas estudiaran y fueran lo que quisieran. Las cosas eran distintas en Canadá, pero no todas las puertas se les abrieron como esperaban.

Sara soñaba con ser científica de la NASA y, mientras estudiaba su posgrado, la eligieron para hacer un internado allí, pero unas semanas después de llegar recibió noticias inesperadas: no tenía autorización para estar en la NASA porque había nacido en Irán. Estaba frustrada porque desde el principio fue sincera al revelar sus orígenes.

Sin embargo, su espíritu aventurero y su amor por las matemáticas y la ciencia la llevaron a terminar su internado, obtener su doctorado y volverse científica planetaria. Luego se dedicó a enseñar a otros acerca del espacio y a estudiar otras cosas, como la historia de los asteroides y los mejores sitios de alunizaje para las futuras misiones a la Luna. También habló a favor de la igualdad. Creía que todos debían tener la libertad de convertirse en líderes en carreras de ciencias, matemáticas y tecnología, sin importar su género o lugar de origen, y comentó: «Me pregunto cuánto más podría haber logrado si no hubiera tenido que pasar media vida defendiendo el hecho de venir de donde vengo».

NACIÓ EL 3 DE NOVIEMBRE DE 1987
IRÁN → CANADÁ

¿POR QUÉ IMPORTA
DÓNDE NACISTE CUANDO
TRATAS DE ESTUDIAR
COSAS QUE ESTÁN FUERA
DE ESTE MUNDO?
SARA MAZROUEI

ILUSTRACIÓN DE
EVA RUST

SARA MCLAGAN

EDITORA DE UN DIARIO

Sara apenas comenzaba a caminar cuando su familia se mudó de Irlanda del Norte a Canadá, adonde el gobierno británico envió a su padre para trabajar como ingeniero.

Ella empezó a trabajar como telegrafista cuando tenía cerca de trece años, y al poco tiempo Western Union la dejó a cargo de conectar todos los mensajes transmitidos entre su estación en Marsqui, Columbia Británica, y Estados Unidos. Se le formaron gruesos callos en las puntas de los dedos por telegrafiar los mensajes en clave Morse, pero a Sara no le importaba porque le gustaba formar parte de un sistema que llevaba información a la gente, y era muy buena en eso. Con el tiempo llegó a ser gerente de oficina, un empleo que pocas mujeres tenían.

Cuando se casó, su marido John quería iniciar un nuevo diario: el *Vancouver Daily World*, y supo que Sara era la persona perfecta para ayudarlo.

Por desgracia, cerca de 1901 John enfermó y murió. Sara no quería que el periódico desapareciera, así que decidió manejarlo ella misma. Administraba el personal, escribía artículos y leía de cabo a rabo las páginas para corregir los errores antes de que se imprimieran. También se aseguraba de que el diario incluyera notas sobre temas útiles para las mujeres que trabajaban arduamente para cuidar de sus hogares y familias, y supervisó artículos sobre temas como salud, cuidado infantil y nutrición. Al asumir ese importante papel, se convirtió en la primera mujer editora de un diario importante en Canadá.

CIRCA 1856 – 20 DE MARZO DE 1924

IRLANDA DEL NORTE → CANADÁ

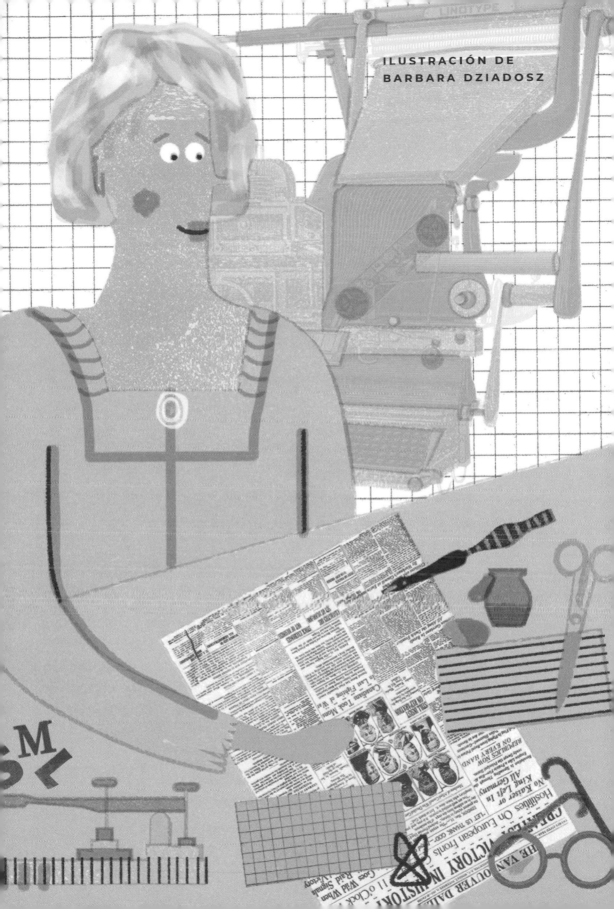

ILUSTRACIÓN DE
BARBARA DZIADOSZ

SAU LAN WU

. . . .

FÍSICA

Había una vez una niña que vivía en una tienda de arroz. Sau Lan, junto con su madre y hermano, residía en un barrio pobre de Hong Kong, en un departamento en el que no había suficiente espacio para que todos se acostaran.

Al crecer, la niña soñaba con ser pintora, pero un día leyó un libro sobre la gran física y química Marie Curie y cambió de opinión. Decidió que mejor se volvería científica y buscaría otro tipo de belleza en su trabajo.

Cuando llegó el momento de ir a la universidad, Sau Lan sabía que su familia no podría pagar la colegiatura, pero por fortuna recibió una carta de la Universidad Vassar en Nueva York, que le ofreció una beca completa para estudiar allí.

Después de Vassar, obtuvo un doctorado en física en la Universidad de Harvard. Estaba fascinada con las diminutas partículas que forman los átomos, que a su vez constituyen todo lo que existe en el universo. Como dichas partículas son tan pequeñas, también resulta muy difícil estudiarlas.

En 1974, su equipo de investigación descubrió una partícula llamada J/psi, que sirvió para que los científicos entendieran cómo funciona la materia; poco después, Sau Lan descubrió el gluon, una partícula que mantiene unidas las partes de un átomo. Más tarde se enfocó en uno de los retos más importantes de la física: el descubrimiento del bosón de Higgs, una partícula tan difícil de encontrar que muchos científicos ni siquiera estaban seguros de que existiera. En 2012, el equipo de Sau Lan encontró evidencia de que el bosón de Higgs era real y, para ella, eso fue hermoso.

. . . .

CIRCA 1941

HONG KONG → ESTADOS UNIDOS DE AMÉRICA

TRATA DE INNOVAR. NADA SERÁ FÁCIL, PERO
VALE LA PENA DESCUBRIR ALGO NUEVO.
SAU LAN WU

ILUSTRACIÓN DE
ADRIANA BELLET

SURYA BONALY

Una vez, una patinadora se deslizó sobre el hielo con un hermoso y destellante traje en una presentación que nadie podría olvidar jamás. Eran los Juegos Olímpicos de 1998 en Nagano, Japón, y nunca se había visto una competidora como Surya. Hacía figuras sobre la pista casi imposibles para los demás: vueltas de carro, saltos gigantescos e incluso saltos invertidos. Ganó nueve veces los campeonatos nacionales en Francia, cinco campeonatos europeos (uno incluso con un dedo del pie roto) y tres medallas de plata en competencias mundiales. Cuando Surya patinaba, se sentía como si hiciera arte sobre el hielo.

Su giro más famoso —el salto invertido— estaba prohibido en los Juegos Olímpicos y los patinadores no tenían permitido hacer saltos en competencias, pero Nagano sería su última presentación olímpica y no esperaba ganar, así que no le importó lo que dijeran los jueces. Quería hacer algo espectacular y audaz.

Cuando la intensidad de la música aumentó, ella hizo su salto invertido ¡y aterrizó sobre un pie! Ningún patinador en la historia lo había hecho antes ni lo ha vuelto a hacer después. La multitud enloqueció y lanzó flores a la pista. Al detenerse la música, Surya dio la espalda a los jueces, sin tomar en cuenta sus puntuaciones, e hizo una reverencia hacia el público.

Después de los Juegos Olímpicos, se volvió patinadora profesional y entrenadora, y finalmente se fue a Estados Unidos. Algunas estimaciones dicen que ha hecho quinientos saltos invertidos en espectáculos por todo el mundo. Es su pirueta distintiva y es imparable.

NACIÓ EL 15 DE DICIEMBRE DE 1973

FRANCIA → ESTADOS UNIDOS DE AMÉRICA

ILUSTRACIÓN DE
JULIETTE LÉVEILLÉ

HICE MI MÁXIMO, PERO
SIEMPRE PUEDO SER MEJOR.
SURYA BONALY

SUSAN FRANCIA

REMERA

Había una vez una niña húngara que creció tan alta y fuerte que todos pensaban que sería una atleta excelente. En su preparatoria en Estados Unidos, sus entrenadores, desde el de baloncesto hasta el de hockey de campo, querían que la chica de 1.88 metros de estatura entrara a sus equipos, pero sus capacidades atléticas eran más bien regulares. En baloncesto pasaba la mayor parte del tiempo en la banca. «Era muy buena para animar a mis compañeras», dijo. De hecho, el único premio atlético que ganó en su último año fue el de la Más Entusiasta. Luego de su experiencia escolar, nadie imaginaba que llegaría a ser medallista olímpica.

En su primer año universitario entró por capricho al equipo de remo. Extrañaba los deportes y ese equipo era el único que permitía que cualquiera hiciera una prueba, y aunque nunca había tenido un remo en las manos, cuando ella y sus compañeras avanzaron sobre el agua sintió que era algo para lo que había nacido. En los siguientes años se volvió una remera fuerte y decidida. «Por primera vez no solo tenía el "potencial". De hecho, ¡me destacaba!».

Algunos de sus entrenadores le sugirieron entrar al equipo olímpico y, luego de graduarse de la universidad, eso fue justo lo que hizo. No solo la aceptaron para los Juegos Olímpicos de Pekín en 2008 sino que, junto con sus compañeras, ¡también ganó la medalla de oro! Cuatro años más tarde obtuvo de nuevo el oro en las Olimpiadas de Londres y después ha usado su experiencia olímpica para inspirar a otros.

NACIÓ EL 8 DE NOVIEMBRE DE 1982

HUNGRÍA → ESTADOS UNIDOS DE AMÉRICA

ILUSTRACIÓN DE
KATHRIN HONESTA

FUE ASOMBROSO
ENCONTRAR ALGO EN
LO QUE FINALMENTE
PUDE RECONOCER MI
POTENCIAL.
SUSAN FRANCIA

SUSAN POLGAR

AJEDRECISTA

Un día, Susan caminó con su padre por las calles de Budapest hacia el club local de ajedrez. Cuando entró, los hombres en el salón se sorprendieron de ver a una niña, pero uno aceptó jugar una partida con ella. Después, se asombraron más ¡cuando la niña ganó!

Apenas tenía cuatro años, pero ya se entrenaba para ser campeona. László, su padre, era un psicólogo que estudiaba a los prodigios infantiles y creía que cualquier niño podía ser un «genio» en un tema en el que pusiera toda su atención. En lugar de mandar a Susan y a sus hermanas a la escuela, les enseñó en casa y las adiestró para volverse jugadoras expertas. ¡Las niñas estudiaban ajedrez seis horas diarias!

En la década de 1970, los mejores jugadores eran hombres, y algunos creían que eso demostraba que el cerebro femenino no era capaz de entender el juego. Sin embargo, Susan y sus hermanas probaron lo contrario al ganar partidas contra mujeres y contra hombres. A los quince años, Susan ya era la mejor jugadora del mundo y en 1986 se convirtió en la primera mujer en calificar para el Campeonato Mundial de Ajedrez para hombres. Ese año no la dejaron jugar, pero después cambiaron las reglas para aceptar competidoras.

Fue campeona mundial cuatro veces y ganó diez medallas en la Olimpiada de Ajedrez. También fue la primera mujer en obtener el título de Gran Maestro, el mayor honor en ajedrez, al igual que los hombres. Luego de mudarse a Estados Unidos en 1994, fundó su propio centro de entrenamiento en ajedrez para enseñar a la siguiente generación de jugadoras.

NACIÓ EL 19 DE ABRIL DE 1969
HUNGRÍA → ESTADOS UNIDOS DE AMÉRICA

MI SUEÑO FUE
REVOLUCIONAR
EL AJEDREZ PARA
LOS JÓVENES, EN
ESPECIAL PARA
LAS NIÑAS.
SUSAN POLGAR

ILUSTRACIÓN DE
ELENIA BERETTA

TEREZA LEE

ACTIVISTA

Había una vez una niña cuyo sueño de tener una vida mejor despertó la esperanza en otros. Tereza nació en Brasil dentro de una familia coreana, pero se fue a Estados Unidos cuando tenía cerca de dos años. Cuando todavía era pequeña, su padre le contó un secreto: eran migrantes **indocumentados** y no **ciudadanos** legales.

Eso la asustaba todo el tiempo porque Chicago era el único hogar que había conocido, y si el gobierno estadounidense descubría el secreto, los enviarían de regreso a Brasil o a Corea del Sur.

La chica canalizaba su energía en la música y pasaba sola muchas horas practicando en el piano. La música le daba esperanza y, al llegar a la preparatoria, tocó un concierto para piano de Chaikovski con la Orquesta Sinfónica de Chicago.

Cuando una maestra la instó a inscribirse en la universidad, ella le contó su secreto. Se comunicaron con el senador Dick Durbin, quien escribió una propuesta de ley solo para que a Tereza se le permitiera ir a la universidad. Poco después, otros estudiantes indocumentados se enteraron y también pidieron ayuda. El senador Durbin redactó una nueva propuesta llamada legislación DREAM, que crearía una forma en que aquellos que llegaron a Estados Unidos cuando niños se volvieran ciudadanos.

La propuesta estaba a punto de convertirse en ley cuando ocurrieron los ataques terroristas del 11 de septiembre de 2001 y la pararon en seco. Hoy, miles de personas siguen esforzándose para que se apruebe esa iniciativa. Lo que comenzó como el sueño de una joven se transformó en un movimiento que ayudó a que otros pudieran expresar su opinión.

NACIÓ EL 12 DE ENERO DE 1983
BRASIL → ESTADOS UNIDOS DE AMÉRICA

SIGUE ADELANTE, SIGUE
HACIENDO ESTO, SIGUE
LUCHANDO, PORQUE ESO TE
VUELVE MÁS FUERTE. ES LA
ÚNICA MANERA DE HACER QUE LA
GENTE SEPA QUIÉNES SOMOS.
TEREZA LEE

TIMNIT GEBRU

Había una vez una niña que vivía en un hogar lleno de gente que amaba los números y la ciencia. En su casa en Etiopía, si te topabas con un problema, encontrabas cómo solucionarlo.

Cuando Timnit era adolescente estalló una guerra entre Etiopía y Eritrea, y las personas de origen eritreo, como ella y su familia, tuvieron que huir. Salieron del país y encontraron **asilo** en Estados Unidos.

Cuando la chica inició la preparatoria en Massachusetts, trató de inscribirse en las clases más difíciles de Matemáticas y Ciencia, pero algo que la confundió fue que un maestro trató de disuadirla. Ese profesor no pensaba que una estudiante de África pudiera estudiar materias de alto nivel. Timnit no podía creer lo ridículo que era eso, así que se graduó lo más pronto que pudo y se inscribió en la Universidad de Stanford. Para cuando salió de la universidad, ¡tenía un doctorado en ingeniería eléctrica!

Durante sus estudios de posgrado se interesó en la inteligencia artificial. Se dio cuenta de que muchos programas de computadora tenían prejuicios y sesgos. Por ejemplo, los programas de reconocimiento facial no funcionaban bien con personas de color, y Timnit pensó que si la inteligencia artificial quería mejorar el mundo, tenía que ser imparcial. La gente que creaba esas herramientas debía parecerse a los usuarios, de modo que inició programas para alentar que mujeres y personas de color estudiaran ingeniería.

Ahora trabaja para Google creando programas éticos de inteligencia artificial.

NO ES CIERTO ESO DE QUE HAY PERSONAS
BUENAS O MALAS PARA LAS MATEMÁTICAS.
ESO ES LA SOCIEDAD QUERIÉNDOTE
CONVENCER DE QUE SOLO HAY UN TIPO DE
PERSONA PARA UN ÁREA DETERMINADA.
TIMNIT GEBRU

TURIA PITT

Había una vez una niña que estaba decidida a superar cualquier obstáculo en su camino. Turia nació en Tahití y creció sobre un acantilado frente al océano Pacífico en Australia. Casi todos los días, antes y después de ir a la escuela, surfeaba las azules olas o corría por la playa. Le encantaba explorar el paisaje australiano.

Cuando llegó el momento de elegir una carrera, una opción se destacó entre las demás: la ingeniería minera. A Turia le encantaban la ciencia, las matemáticas y el aire libre, y le gustaba resolver problemas y la idea de trabajar en el remoto interior de Australia.

Luego de obtener su primer trabajo como ingeniera, corrió la ultramaratón, que son cien kilómetros por el desierto. Apenas llevaba unas cuantas horas de recorrido cuando de pronto la rodeó un fuerte incendio de pastizales. Milagrosamente sobrevivió, pero tuvo quemaduras en la mayor parte del cuerpo y rostro, y además perdió varios dedos. Estuvo en el hospital por un largo tiempo.

Los médicos le dijeron que nunca volvería a correr, pero no se dio por vencida. En los siguientes dos años reaprendió a caminar, a hablar y a alimentarse sola, además de que se propuso dos metas más grandes y también las logró. Luego del accidente, completó dos triatlones Ironman, hizo una caminata por el sendero de Kokoda, navegó por la Polinesia Francesa (la región donde nació), fue oradora motivacional, inició una empresa, escribió tres libros y se convirtió en madre. «Rehíce mi vida», dijo, «y desafié todas las expectativas que tenían de mí».

ILUSTRACIÓN DE
LÉA TAILLEFERT
ROLLAND

¡NO TE LIMITA LO QUE
OTROS PIENSEN DE TI O
LO QUE TÚ PIENSES DE
TI MISMA!
TURIA PITT

VELMA SCANTLEBURY

CIRUJANA DE TRASPLANTES

Había una vez una niña que quería ser doctora, pero enfrentó tantas dificultades que casi se dio por vencida. Velma nació en Barbados y cuando era pequeña le encantaba visitar la playa con su padre, viajar en el autobús abierto hacia la escuela y practicar deportes con sus amigos, pero también soñaba con su futuro.

Cuando tenía quince años, ella y su familia se mudaron a Estados Unidos. Fue un tiempo muy difícil. En su nueva escuela en Brooklyn se burlaban de su cabello, de su acento y de su ropa. Incluso la orientadora vocacional la trataba de modo diferente que a sus demás compañeros, y le dijo que la universidad no era para ella y que mejor debería conseguirse un trabajo. «Para ella, yo no tenía un futuro prometedor», dijo. «El color oscuro de mi piel la cegó».

Pero Velma sí entró a la universidad ¡y le dieron beca completa! Obtuvo un título de biología y luego fue a la Facultad de Medicina. Siguió enfrentando la **discriminación**, pero con la amistad y ayuda de una profesora, perseveró. También se dio cuenta de que le encantaba la cirugía. En 1989 se convirtió en la primera afroestadounidense en ser cirujana de trasplantes.

Ha realizado más de dos mil trasplantes y obtenido muchos premios por su trabajo. También escribió un libro y da clases para compartir su conocimiento con otros. Además, se esfuerza mucho por resolver la desigualdad en el campo médico y para alentar a las niñas a volverse cirujanas aunque parezca difícil.

NACIÓ EL 6 DE OCTUBRE DE 1955
BARBADOS → ESTADOS UNIDOS DE AMÉRICA

ILUSTRACIÓN DE
IRENE RINALDI

RODÉATE DE GENTE
POSITIVA QUE TE AYUDE
A ALCANZAR GRANDES
ALTURAS.
VELMA SCANTLEBURY

XIYE BASTIDA PATRICK

ACTIVISTA

Una vez, una terrible sequía azotó el pueblo natal de Xiye, llamado San Pedro Tultepec, en México. La tierra estaba sedienta y el lago se secó. Las cosechas murieron y, luego de dos años, regresó finalmente la lluvia, pero no fue una tormenta normal. Llovió y llovió hasta que la tierra se inundó.

Xiye pertenecía a los toltecas otomíes, un pueblo indígena que entiende la importancia de vivir en equilibrio con el ambiente y cuidar de la tierra. Cuando Xiye se mudó con su familia a la ciudad de Nueva York, fue testigo del daño causado por el huracán Sandy y se dio cuenta de que había un peligroso desequilibrio. El clima estaba en crisis y ella tenía que hacer algo para corregirlo.

En marzo de 2019, cuando tenía diecisiete años, organizó una huelga en su preparatoria de Nueva York y, bajo su liderazgo, cerca de seiscientos estudiantes se salieron de clases para demandar que el gobierno emprendiera acciones para detener el cambio climático y proteger al planeta. Meses después, Xiye y otros jóvenes activistas de todo el mundo llevaron a cabo una semana de huelgas y protestas globales contra el cambio climático y a favor de los derechos de los pueblos indígenas.

Para tener tiempo para su activismo tuvo que dejar la gimnasia y otras actividades que le gustaban, pero la Tierra valía la pena.

«El pueblo indígena ha cuidado de la Tierra por miles de años debido a su **cultura**», dijo. «Para mí, ser activista ambiental y **activista** por la justicia climática no es un pasatiempo, es una forma de vida».

LA TIERRA ES NUESTRO HOGAR. TE DA AIRE, AGUA Y REFUGIO. TODO LO QUE NECESITAMOS. LO ÚNICO QUE PIDE ES QUE LA PROTEJAMOS.
XIYE BASTIDA PATRICK

ILUSTRACIÓN DE SALLY DENG

YOKY MATSUOKA

INGENIERA ROBÓTICA

Había una vez una niña que soñaba con la intensidad de una máquina. Al principio quería ser tenista cuando creciera, por lo que se mudó a Estados Unidos a los dieciséis años, con la esperanza de convertirse en tenista profesional.

Por desgracia, sufrió una lesión tras otra y decidió que el tenis no era lo suyo. En lugar de ello, se descubrió fantaseando en qué pasaría si construyera un robot que jugara tenis con ella cada vez que le apeteciera.

Así que fue a la Universidad de California en Berkeley y estudió robótica. Quería descubrir la manera en que los robots pueden auxiliar a las personas. Se volvió pionera en el campo de la neurobótica, que estudia la relación entre las computadoras y el sistema nervioso central.

Posteriormente construyó brazos mecánicos que pueden ayudar a la gente a reaprender a usar sus músculos luego de una embolia cerebral, y su trabajo fue tan creativo que le concedieron un premio llamado Beca MacArthur, también conocida como la beca para genios.

Pero Yoky no era el tipo de científica que se enfoca en un solo proyecto. Quería ayudar a la gente a «transformarse en una mejor versión de lo que siempre quisieron ser». Fue una de las primeras en trabajar en Google X, un departamento de investigación ultrasecreta dedicado a resolver problemas difíciles. Luego contribuyó a formar una compañía llamada Nest Labs, y construyó un termostato inteligente para los hogares. También colaboró con Google Health, cuya meta es usar la tecnología para cambiar y salvar la vida de la gente, y en Panasonic.

LA VIDA ES CORTA Y QUIERO MEJORAR LA
DE MUCHAS PERSONAS, YA QUE PUEDO
CONTRIBUIR DE UNA FORMA DISTINTA
A LA DE LOS DEMÁS.
YOKY MATSUOKA

ILUSTRACIÓN DE
LISA LANOË

YOSHIKO CHUMA

COREÓGRAFA Y ARTISTA DE *PERFORMANCE*

Cuando Yoshiko bailaba, pasaban cosas brutales. Saltaba por todas partes y golpeaba el suelo con sus botas. Se bajaba del escenario a caminar por el teatro o tomaba una silla y la agitaba sobre su cabeza. Sus espectáculos de *performance*, o arte interpretativo, siempre eran diferentes de cualquier cosa que el público hubiera visto antes.

Nunca tomó clases formales. Cuando era niña en Osaka, Japón, tuvo una maestra en primaria que enseñaba danza moderna y que la alentó a aprender más sobre el mundo fuera de su comunidad. Con el tiempo, la joven fue a la universidad y anhelaba viajar.

Una amiga le contó de un lugar que atraía artistas de todo el mundo: la ciudad de Nueva York, y Yoshiko decidió que iría allí. Aunque no hablaba inglés, al bailar sentía que se comunicaba con su cuerpo.

Sus presentaciones eran una combinación de danza moderna y arte interpretativo. A veces, los espectadores se sentían confundidos, pero eso era lo que quería Yoshiko. Inició su propia compañía de danza, a la que llamó School of Hard Knocks (Escuela de los Golpes Duros). Eso significa aprender de la vida misma, como ella lo hizo, en lugar de hacerlo dentro de la seguridad de un salón de clases.

Yoshiko y su compañía de baile ganaron muchos Premios Bessie, que son el mayor honor para los bailarines independientes en Nueva York. Ha viajado a más de cuarenta países y trabajado con más de dos mil personas para crear sus obras de arte únicas.

NACIÓ EL 25 DE DICIEMBRE DE 1950
JAPÓN → ESTADOS UNIDOS DE AMÉRICA

DESEARÍA QUE MI PÚBLICO
NO TUVIERA EXPECTATIVAS
O PRECONCEPCIONES,
PORQUE ESO LIMITA
SU IMAGINACIÓN.
YOSHIKO CHUMA

YOUNG JEAN LEE

DRAMATURGA

Había una vez una niña que pasó su infancia jugando con casas de muñecas. Movía por todas partes las figuras de plástico, como si fueran actores en un escenario. Young Jean y sus padres dejaron Corea del Sur para ir a Estados Unidos, donde se establecieron en un pequeño pueblo de Washington, cuando ella tenía apenas dos años. La gente del lugar no era amigable con los asiáticos y Young Jean recuerda que en su infancia se avergonzaba de su **cultura**, y ocultaba incluso los alimentos que comía.

Pero su vida cambió cuando fue a la universidad en California. Por primera vez estaba rodeada de otros estadounidenses asiáticos y había encontrado un sitio al que podía pertenecer. Eligió la carrera de inglés y pasó años estudiando a Shakespeare. Le fascinaban sus obras y sus personajes exuberantes, y pronto se dio cuenta de algo importante: no quería solo analizar obras teatrales, quería escribirlas.

Empezó a leer cuantas obras pudo conseguir e incluso se puso en comunicación con un conocido dramaturgo para pedirle consejos. Quería hacer teatro experimental, producciones que no siguieran las reglas típicas y que tuvieran elementos inesperados. Empezó a escribir y se inscribió a un posgrado, para después fundar una compañía teatral que produjera su trabajo. Hasta la fecha sigue creando obras que exploran temas desafiantes, como la raza, la identidad y la política.

En 2018 se convirtió en la primera asiática estadounidense en producir una obra en Broadway.

NACIÓ EL 30 DE MAYO DE 1974

COREA DEL SUR → ESTADOS UNIDOS DE AMÉRICA

CONTINUAMENTE INTENTO
DESAFIARME A MÍ MISMA... PARA
ENFRENTAR LAS COSAS QUE ME
HACEN SENTIR INCÓMODA.
YOUNG JEAN LEE

YUAN YUAN TAN

BAILARINA

Yuan Yuan era una niña que amaba la música y, cuando oía una canción en el radio o la televisión del departamento de su familia en Shanghái, mecía su cuerpo y terminaba bailando al compás. Su madre quería mandarla a estudiar *ballet*.

—Absolutamente no —dijo su padre, que quería que la niña fuera doctora y pensaba que eso sería una distracción.

—Lancemos una moneda al aire —respondió su madre con firmeza.

Yuan Yuan, que tenía diez años, contuvo el aliento cuando la moneda plateada de cinco centavos salió volando. Al aterrizar, el lado que eligió su madre estaba hacia arriba. ¡Estudiaría *ballet*!

Con el paso del tiempo, la joven ganó muchos premios en competencias internacionales por su estilo elegante y grácil. Cuando tenía dieciocho años, el director artístico del *Ballet* de San Francisco la invitó a Estados Unidos para bailar como estrella invitada en la gala de apertura en 1995. Después, el director le pidió que se quedara para integrarse a la compañía en forma permanente.

Pronto la designaron bailarina principal, una de las más especiales y de mayor nivel; se convirtió en la mujer más joven en la historia de la compañía en tener tal nombramiento, y la primera en venir de Asia.

Ha tenido el papel principal en los *ballets* más famosos del mundo, como *Giselle, El Lago de los Cisnes* y *El Cascanueces*. En 2015 celebró su vigésimo aniversario en el *Ballet* de San Francisco con una gira especial de presentaciones en China, el sitio donde empezó su vida como artista, y todo gracias a una moneda lanzada al aire.

NACIÓ EL 14 DE FEBRERO DE 1977

CHINA → ESTADOS UNIDOS DE AMÉRICA

SER PERFECTA ES IMPOSIBLE,
PERO SER MEJOR ES POSIBLE.
CUANDO VUELVO LA VISTA ATRÁS Y
VEO QUE SOY MEJOR QUE AYER, CON
ESO ME BASTA.
YUAN YUAN TAN

ZAINAB SALBI

ACTIVISTA

Había una vez una niña que entendía la dicha del amor y también el dolor de la guerra. Mientras crecía en Irak, Zainab estuvo rodeada de risa, pero el país estaba controlado por un **dictador** llamado Saddam Hussein, de modo que sus padres se preocuparon por su seguridad. Cuando apenas tenía diecinueve años, dispusieron que se casara con un iraquí estadounidense que vivía en Estados Unidos.

Ese hombre era cruel y Zainab estaba sola en un país desconocido. No podía regresar a Irak, pero tampoco quedarse con una persona que la tratara mal.

Escapó de su esposo abusivo. Aceptó cualquier trabajo para mantenerse y estudiar a fin de obtener un título universitario. En la universidad aprendió la forma en que la guerra afecta a las mujeres de todo el mundo, obligándolas a huir de sus hogares y poniendo en peligro sus vidas. Ahora que estaba segura, quería apoyar a las mujeres que no lo estaban.

Cuando tenía veintitrés años fundó Women for Women International, una organización humanitaria que ayuda a las sobrevivientes de guerras a rehacer su vida, y dirigió ese grupo durante veinte años antes de estar lista para un nuevo reto. Pensaba que las historias podían cambiar la vida de la gente. ¿Qué pasaría si impulsaba a otras mujeres a contar las suyas?

Ahora viaja por todo el mundo para entrevistar a mujeres legisladoras, activistas y líderes. Sus libros, programas de televisión y documentales alientan a la gente a entenderse entre sí y a tener compasión por las experiencias ajenas.

NACIÓ EL 24 DE SEPTIEMBRE DE 1969
IRAK → ESTADOS UNIDOS DE AMÉRICA

NO SER COMO CUALQUIER HOMBRE,
SINO SER YO MISMA. ESO ES LO QUE
SIGNIFICA EL FEMINISMO PARA MÍ.
ZAINAB SALBI

ESCRIBE TU PROPIA HISTORIA

· · · · · · · · · · · · · · · ·

Había una vez... _____

_____

_____

_____

_____

_____

_____

_____

_____

_____

_____

_____

_____

_____

_____

_____

_____

_____

_____

_____

_____

_____

_____

DIBUJA TU RETRATO

GLOSARIO

ABOLICIONISTA: persona que quiere terminar con la esclavitud.

ACTIVISTA: persona que hace campañas para generar un cambio social o político.

ALIADOS: grupo de naciones que se unieron para oponerse a los países del Eje (Alemania, Italia y Japón) durante la Segunda Guerra Mundial.

ANCESTRO: persona que fue parte de la familia de uno varias generaciones atrás.

ASILO: protección otorgada por una nación.

CIUDADANO: persona natural o naturalizada de un país.

CULTURA: características compartidas por una sociedad o grupo de personas; incluye la comida, ropa, lenguaje, costumbres, creencias y religión.

DICTADOR: gobernante único que tiene autoridad completa sobre un país.

DIPLOMÁTICO: persona cuyo trabajo es mantener buenas relaciones entre los gobernantes de diferentes países.

DISCRIMINACIÓN: trato injusto hacia una persona o grupo de personas, sobre todo con base en su raza, edad, género o religión.

EMBAJADORA: persona enviada a otro país como representante de su gobierno.

EMIGRAR: dejar el país de origen para vivir de manera permanente en otro.

FILANTROPÍA: acto de ayudar a los demás a gran escala.

GRUPO ÉTNICO: identidad con cierto grupo racial, nacional o cultural.

HOLOCAUSTO: la masacre de civiles a gran escala, en especial judíos, que tuvo lugar durante la Segunda Guerra Mundial.

INDOCUMENTADO: falta de los documentos de inmigración o de trabajo apropiados.

INMIGRAR: acto de llegar a un país a vivir de manera permanente.

JUDO: arte marcial de combate desarmado que pretende entrenar el cuerpo y la mente; constituye una versión modificada del *jiu-jitsu* (método japonés de defensa personal que usa la fuerza y el peso corporal en lugar de armas). La palabra combina los caracteres japoneses *jü* y *do*, que significan «arte».

LEGADO: algo heredado; la huella que deja una persona en el mundo y que perdura aun cuando ha dejado de trabajar o ha fallecido.

MANIFESTANTES: grupo de gente que demuestra de manera pública su oposición a algo (por ejemplo, a una ley).

ORTOPÉDICO: se refiere al tratamiento de músculos, huesos o articulaciones.

PERSONA DESPLAZADA: persona que es obligada a dejar su casa y/o su país.

PREJUICIO: juicio sobre alguien con base en características externas antes de conocer a la persona.

RACISMO: creencia de que ciertos grupos raciales poseen cualidades que los hacen superiores o inferiores a otros.

REFUGIADOS: persona que es obligada a dejar su país debido a la guerra, el exilio o a un desastre natural.

RESISTENCIA: grupo de personas dentro del mismo país que se unen por una causa; por ejemplo, las resistencias francesa y holandesa, que se unieron contra el dominio nazi durante la Segunda Guerra Mundial.

REVOLUCIÓN: cuando la gente intenta derrocar un gobierno.

SEGREGACIÓN: acto de aislar o separar una raza, clase o grupo de otros.

SUFRAGIO: derecho a votar en una elección.

YIDIS: idioma escrito en caracteres hebreos utilizados por judíos originarios de Europa Central y Oriental.

ILUSTRADORAS

· · · · · · · · · · · · · · · · ·

Sesenta artistas extraordinarias que se identifican como mujeres y provienen de todas las partes del mundo fueron quienes retrataron a las creadoras, campeonas, líderes, pioneras y guerreras de este libro. ¡Aquí están todas ellas!

MALIHA ABIDI, REINO UNIDO, 135

MONICA AHANONU, ESTADOS UNIDOS, 49, 115

AMALTEIA, PORTUGAL, 33

MARIAN BAILEY, ESTADOS UNIDOS, 59

ADRIANA BELLET, SUECIA, 175

ELENIA BERETTA, ITALIA, 99, 181

FANNY BLANC, FRANCIA, 19, 43

PETRA BRAUN, AUSTRIA, 47, 199

VERONICA CARRATELLO, ITALIA, 137

SALLY CAULWELL, IRLANDA, 113, 165

KARINA COCQ, CHILE, 107, 121

MAGGIE COLE, ESTADOS UNIDOS, 7

SOPHIE CUNNINGHAM, REINO UNIDO, 183

MICHELLE D'URBANO, ZAMBIA, 153

ALESSANDRA DE CRISTOFARO, ITALIA, 79, 83

CAMILLE DE CUSSAC, FRANCIA, 3

ELENA DE SANTI, ESPAÑA, 125

ELENI DEBO, ITALIA, 63, 195

SALLY DENG, ESTADOS UNIDOS, 191

NOA DENMON, ESTADOS UNIDOS, 29, 201

JEANNE DETALLANTE, BÉLGICA, 111, 147

AURÉLIA DURAND, FRANCIA, 185

BARBARA DZIADOSZ, ALEMANIA, 117, 173

CINDY ECHEVARRIA, ESTADOS UNIDOS, 41

OLIVIA FIELDS, ESTADOS UNIDOS, 151

MAÏTÉ FRANCHI, FRANCIA, 25, 169

YASMINE GATEAU, FRANCIA, 139

MARTA GIUNIPERO, ITALIA, 73

YEVHENIA HAIDAMAKA, UCRANIA, 143

ABELLE HAYFORD, ESTADOS UNIDOS, 105

GOSIA HERBA, POLONIA, 67, 109

KATHRIN HONESTA, INDONESIA, 179

BODIL JANE, PAÍSES BAJOS, 61

LACI JORDAN, ESTADOS UNIDOS, 65

SABRENA KHADIJA, ESTADOS UNIDOS, 81, 163

SASHA KOLESNIK, RUSIA, 161

LISA LANOË, REINO UNIDO, 35, 193

NAN LAWSON, ESTADOS UNIDOS, 75

SONIA LAZO, EL SALVADOR, 27

JULIETTE LÉVEILLÉ, FRANCIA, 177

HELEN LI, POLONIA, 5, 101

KIKI LJUNG, ESPAÑA, 93

SARAH LOULENDO, FRANCIA, 127, 167

AKVILE MAGICDUST, LITUANIA, 95

CRISTINA MARTÍN, ESPAÑA, 53

TYLA MASON, ÁFRICA DEL SUR, 89

JENNY MEILIHOVE, ISRAEL, 9

NICOLE MILES, BAHAMAS, 37, 119

D'ARA NAZARYAN, ESTADOS
    UNIDOS, 31, 69

SALINI PERERA, CANADÁ, 197

ALICE PIAGGIO, SUIZA, 13, 103

JENNIFER POTTER, ESTADOS
    UNIDOS, 57, 145

CECILIA PUGLESI, ARGENTINA, 91

IRENE RINALDI, ITALIA, 39, 189

LUISA RIVERA, CHILE, 15, 97, 129

PAOLA ROLLO, ITALIA, 21, 71

VERONICA RUFFATO, ITALIA, 87

EVA RUST, SUIZA, 131, 171

JOSEFINA SCHARGORODSKY,
    ARGENTINA, 51, 85

ELISA SEITZINGER, ITALIA, 45

STEPHANIE SINGLETON, CANADÁ, 155

JESTENIA SOUTHERLAND, ESTADOS
    UNIDOS, 157

VALENCIA SPATES, ESTADOS UNIDOS,
    149

TATHEER SYEDA, PAKISTÁN, 23

LÉA TAILLEFERT-ROLLAND, FRANCIA,
    187

MEEL TAMPHANON, TAILANDIA, 11, 133

ANNALISA VENTURA, ITALIA, 55, 123

KATERINA VORONINA, ALEMANIA, 17

DECUE WU, ESTADOS UNIDOS, 77, 141

ALINE ZALKO, FRANCIA, 159

AGRADECIMIENTOS

A las Niñas Rebeldes que siguen leyendo y compartiendo nuestras historias (¡ya en casi cincuenta idiomas!), y a las mamás rebeldes, papás, tías, tíos, primos, primas, maestros, bibliotecarios y amigos que las leen junto con ellas: ustedes son la razón por la que comencé este movimiento. Me inspiran a seguir buscando cada día un mundo más justo.

A mis amigos y familia, que en realidad son uno solo, gracias por nunca vacilar, gracias por ayudarme a convertirme en una persona más fuerte y libre. A Lin, Amanda y Deneen: me salvaron la vida; me aseguraré de demostrar todos los días que valió la pena.

ACERCA DE LA AUTORA

ELENA FAVILLI es una autora *bestseller* y periodista que ha roto barreras laborales. Ha escrito para *The Guardian*, la revista *Colors*, *McSweeney's, RAI, Il Post, La Repubblica*, además de haber dirigido redacciones de medios digitales en ambos lados del Atlántico. En 2016 escribió y publicó el proyecto literario con mayor financiamiento colectivo de la historia, *Cuentos de buenas noches para niñas rebeldes,* que ya se ha traducido a casi cincuenta idiomas. Posteriormente fundó Niñas Rebeldes, una compañía digital que se dedica a explorar y destacar la vida de mujeres pioneras o innovadoras. Actualmente es CEO de Niñas Rebeldes y vive en Los Ángeles con su perro Lafayette, un braco italiano.

NIÑAS REBELDES es una máquina mediática cultural fundada en 2012 y que abarca más de setenta países. Niñas Rebeldes tiene la misión de fortalecer a una generación de niñas inspiradas y seguras de sí mismas a través de diversas historias que hacen eco en audiencias de todas las edades; celebra los logros y búsquedas de las mujeres a lo largo de la historia, alrededor del mundo y en diferentes campos. Este grupo diverso y apasionado de rebeldes trabaja en Los Ángeles, Nueva York, Atlanta, Mérida (México), Londres y Milán.

Timbuktu y Niñas Rebeldes han ganado:

- 2020 Podcast ganador en la categoría de Educación, Premios New York Festivals Radio.
- 2020 Podcast #1 en categoría de Familia y niños, Premios Webby People's Voice.
- 2020 Mejor uso de contenido en un contexto social, Premios Corporate Content.
- 2019 Podcast #1 en categoría de Educación, Premios People's Choice Podcast.
- 2018 Premio de la Industria del Libro Australiano a Mejor Libro Internacional.
- 2018 Star Watch Superstars, Publishers Weekly.
- 2017 Libro del año, Blackwell's.
- 2017 Libro del año, Foyles.
- 2016 Play 60, Play On (una iniciativa de la fundación de la NFL para reinventar los espacios públicos de juego).
- 2014 Mención especial en la Bienal de Arquitectura de Burdeos.
- 2013 Mejor revista infantil del año, London Digital Magazine Awards.
- 2012 Premio al mejor diseño, Launch Education and Kids.
- 2012 Mejor empresa emergente italiana.

Únete a la comunidad de niñas rebeldes en:
    Facebook: facebook.com/rebelgirls
    Instagram: @rebelgirls
    Twitter: @rebelgirlsbook
    Web: rebelgirls.com

Si te gustó este libro, ¡nos harías muy felices publicando una reseña!

¡DESCUBRE MÁS REBELDES INCREÍBLES!

¡CONOCE A LAS EXTRAORDINARIAS HEROÍNAS DE LA COLECCIÓN DE LAS NIÑAS REBELDES!

Descubre los revolucionarios inventos de Ada Lovelace, una de las primeras programadoras del mundo.

Conoce la emocionante empresa de Madam C.J. Walker, la pionera en la industria del cuidado del cabello y la primera mujer de Estados Unidos que hizo su propia fortuna.